Una Visión de la Modernización de México

CIUDAD DE MÉXICO

JORGE GAMBOA DE BUEN

CIUDAD DE MÉXICO

FONDO DE CULTURA ECONÓMICA
MÉXICO

Primera edición, 1994

D. R. © 1994, Fondo de Cultura Económica, S. A. de C. V.
Carretera Picacho-Ajusco, 227; 14200 México, D. F.

ISBN 968-16-4318-6

Impreso en México

INTRODUCCIÓN

La Ciudad de México[1] constituye uno de los fenómenos más inquietantes de nuestro siglo, que suscita una mezcla de admiración y preocupación.

Admiración porque a pesar de su crecimiento explosivo, de su tamaño monumental y de las dificultades que enfrenta, la Ciudad funciona día a día, brinda y seguirá brindando múltiples oportunidades a millones de mexicanos que en ella encuentran educación, trabajo, y, en general, el nivel de bienestar más elevado del país. Admiración porque en su vida cotidiana ofrece alternativas para todos: niños, jóvenes, adultos y ancianos; todos pueden encontrar un medio propicio, un lugar para crecer, aprender, cultivarse, producir y divertirse.

Preocupación porque resulta indudable que la Ciu-

[1] A lo largo del presente libro se utilizará indistintamente Ciudad de México o Zona Metropolitana de la Ciudad de México (ZMCM) para referirse al área urbana contigua que comprende al territorio del Distrito Federal y de los 17 municipios metropolitanos que forman la Ciudad desde el punto de vista funcional.

dad es fuente de angustia y opresión para muchos, y que su presente y su futuro inquietan a propios y extraños: la calidad de su medio ambiente se ha deteriorado dramáticamente, sus habitantes consumen un tiempo excesivo en transportarse, y una gran cantidad vive en zonas de alta inseguridad y riesgo.

Entre estos dos extremos —admiración y preocupación— oscila la idea que también los habitantes tienen de su Ciudad. Algunos llegan a pensar que su futuro es incierto y que las dificultades se agravarán de manera incontrolable. Sin embargo, la historia de las ciudades indica que gobierno y comunidad, en su perpetua evolución, han sido capaces de resolver los más complejos problemas y de concebir soluciones que parecían remotas o inexistentes.

Las ciudades son el reflejo cultural, físico y geográfico de las sociedades que las crean; son espejo de su pasado y de su presente, incluso de su futuro. Las ciudades se transfiguran de manera constante; y si no avanzan, retroceden. Los cambios demográficos, económicos, culturales y tecnológicos modifican su desarrollo y dejan huellas que perduran, a veces, milenios.

Ninguna ciudad ha dejado de evolucionar; quienes han intentado detener este proceso se han equivocado siempre. Fuera de catástrofes naturales, como la que extinguió a Pompeya, las ciudades no desaparecen de golpe. Algunas detuvieron su desarrollo y se extinguieron poco a poco; otras, después de siglos de esplendor, perdieron fuerza y presencia. La naturaleza de una ciudad puede radicar en la velocidad de su crecimiento, o en la fuerza de su industria, o en la permanencia de un pasado de grandeza, pero invariablemente todas se transforman sin cesar, su población crece o decrece, su economía avanza o se estanca.

De acuerdo con la edad de la población, la urgencia de sus habitantes por determinados servicios da paso a nuevas necesidades, y como consecuencia algunas zonas de la ciudad se reestructuran rápidamente mientras que otras entran en proceso de decadencia. Ser capaz de conducir esos cambios exige claridad: es menester enfocar la ciudad como un fenómeno complejo, estudiar sus procesos, analizar sus transformaciones, y tomar las decisiones apropiadas que los conduzcan de la mejor manera posible, sorteando obstáculos, venciendo las principales dificultades, buscando equilibrios.

Para lograrlo se precisan, además de capacidad de planeación, instituciones organizadas, mando político, consensos mínimos en la población, conocimiento de la historia, buena técnica, y óptimos diagnósticos.

El presente trabajo pretende mostrar, ante los ojos del lector no especializado, un amplio panorama de la Ciudad de México. Pretende explicar —a partir de su historia— el origen de sus principales problemas, describir la evolución de sus tendencias, y dar a conocer la visión con la que —en esta etapa modernizadora del país— la administración del presidente Carlos Salinas de Gortari los ha enfrentado. Finalmente se propone dejar constancia de los logros alcanzados, y de los múltiples retos que aún existen.

Colaboraron en la realización de esta obra: Gabriel Figueroa, fotografías; Paul Lyons, ilustraciones; Ana Terán, corrección de estilo; Gloria Garay, Paola Serdán y Margarita García, investigación.

I. BREVE HISTORIA DE LA CIUDAD DE MÉXICO

La historia de la Ciudad de México se caracteriza por el cambio, el crecimiento acelerado y las transformaciones en la historia de la nación que le han venido afectando; y además por las particularidades de su ubicación geográfica —en un valle alto y cerrado— que han condicionado su evolución de manera drástica. Con el ánimo de sintetizar podría decirse que, a lo largo de los últimos siete siglos, la Ciudad de México ha sido cuatro ciudades distintas entre sí, y con bruscos cortes entre ellas:

Hasta 1324 estaba formada por una constelación de poblados ribereños que interactuaban entre sí y con su medio ambiente; la llegada de los aztecas dio inicio a otra ciudad, Tenochtitlan, uno de los asentamientos más sorprendentes que jamás haya creado la humanidad y que terminó abruptamente en 1521; a partir de la Conquista y hasta la Independencia, en 1810, los españoles desarrollaron una ciudad monumental imponente —la más importante del Continente Americano—, y actualmente, en el umbral del siglo XXI, la Ciudad de México se ha convertido en una de las metrópolis más grandes y complejas del mundo.[1]

Localización geográfica

La Ciudad de México se localiza en el altiplano, en la región conocida como Cuenca de México. Se encuentra delimitada, al norte, por las sierras de Tezontlalpan, Tepotzotlán y Pachuca; al sur, por las del Ajusco y de Chichinautzin; al oriente, por la Sierra Nevada —donde sobresalen por su altitud los picos del Popocatépetl y del Iztaccíhuatl con 5 747 y 5 286 metros de altura respectivamente; y al poniente, por las sierras de las Cruces, el Monte Alto y el Monte Bajo. Todas estas sierras tienen como común denominador su origen volcánico.

Las sierras forman uno de los aspectos físicos que irremediablemente caracterizan y restringen a la Cuenca de México. En su interior el relieve es ligero: mantiene una altitud promedio de 2 240 metros en la llanura lacustre, que sólo cuenta con algunas elevaciones de altura media como las sierras de Guadalupe y de Santa Catarina, al norte y suroriente respectivamente.

Los ríos y arroyos más importantes bajan de las sierras por el poniente de la Cuenca; los más destacados son: Magdalena, La Piedad, Los Remedios y Cuautitlán. Estos ríos, junto con otros menores y con los manantiales del sur, formaban una serie de lagos: Chalco, Xochimilco, Texcoco, Xaltocan y Zumpango.

[1] Según Eugene Linden las metrópolis más grandes son: Tokio-Yokohama con 25.8 millones de habitantes; São Paulo con 19.2 millones; Nueva York con 16.2 millones y México con 15.3 millones Revista *Time*, 11 de enero de 1993.

Dicha ubicación lacustre constituye uno de los aspectos naturales de más consecuencias en la vida de la Ciudad, puesto que periódicamente la somete a severas inundaciones.

Primeros asentamientos en la Cuenca de México

Se han hallado testimonios de que los primeros asentamientos en la Cuenca de México se fundaron 18 000 años a. C., en zonas como Tlapacoya —cerca de la ribera del Lago de Chalco.

Los primeros restos de culturas precerámicas se descubrieron de 5 000 años a. C., en Chimalhuacán, Chicoloapan, Atepehuacan, Otumba, Tepexpan e Iztapan. Estas comunidades llevaban ya una vida totalmente sedentaria basada en una incipiente economía agrícola.

A finales del tercer milenio a. C. los asentamientos adquirieron mayor complejidad sociocultural. La diminuta figura antropomorfa de barro descubierta en Chalco, hasta ahora la más antigua, manifiesta una avanzada forma de expresión plástica y simbólica.

Hacia 1300 a. C. ya existía un patrón cultural común. La agricultura y la alfarería estaban establecidas plenamente bajo ese amplio conjunto de culturas mesoamericanas denominado olmeca. Una decena de sitios de la Cuenca corresponden a esta época; las dos capitales que ejercieron mayor influencia política, religiosa y económica fueron Tlatilco y Tlapacoya. En el año 1000 a. C. florecieron Tetelpan, Astahuacan, Tulyehualco, Cuauhtlalpan, Coatepec, Xalostoc y Tepetlaoztoc.

GRÁFICA 1. *Cultura lacustre (600 a. C.-1325 d. C.)*
(30 mil habitantes; 2.7 km² de área urbana)

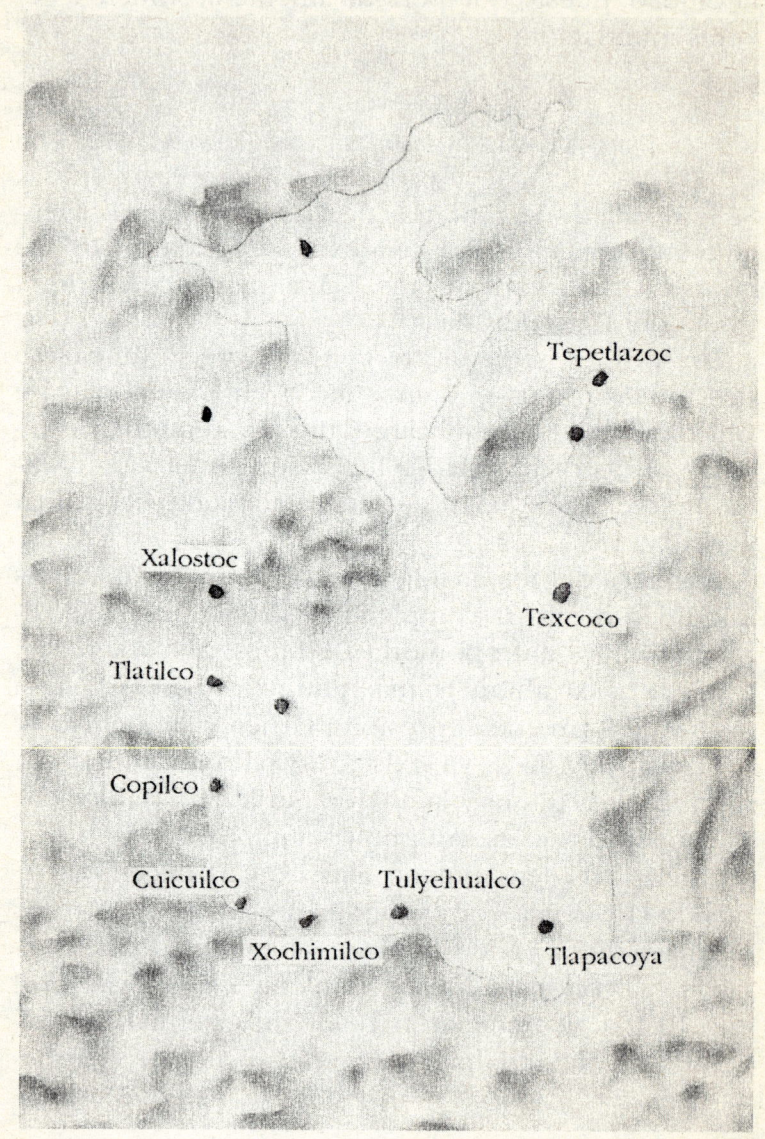

GRÁFICA 2. *Gran Tenochtitlan (1325-1521)*
(300 mil habitantes; 15 km² de área urbana)

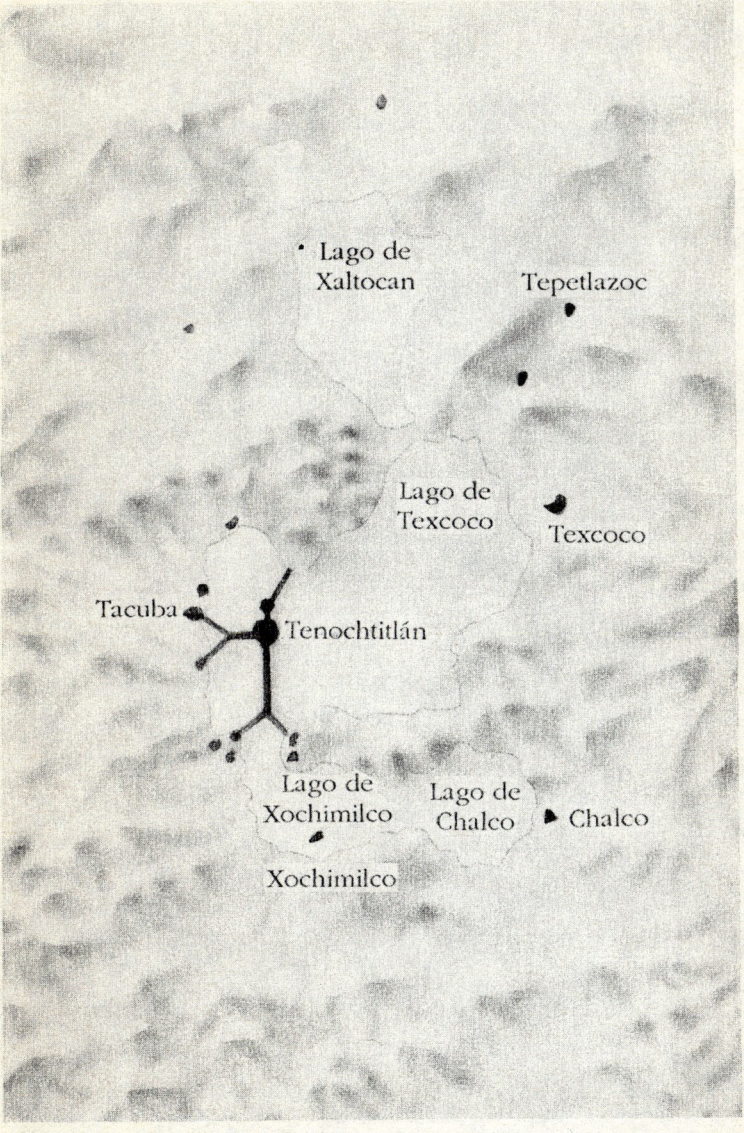

GRÁFICA 3. *Capital de la Nueva España (1521-1810)*
(137 mil habitantes; 68 km² de área urbana)

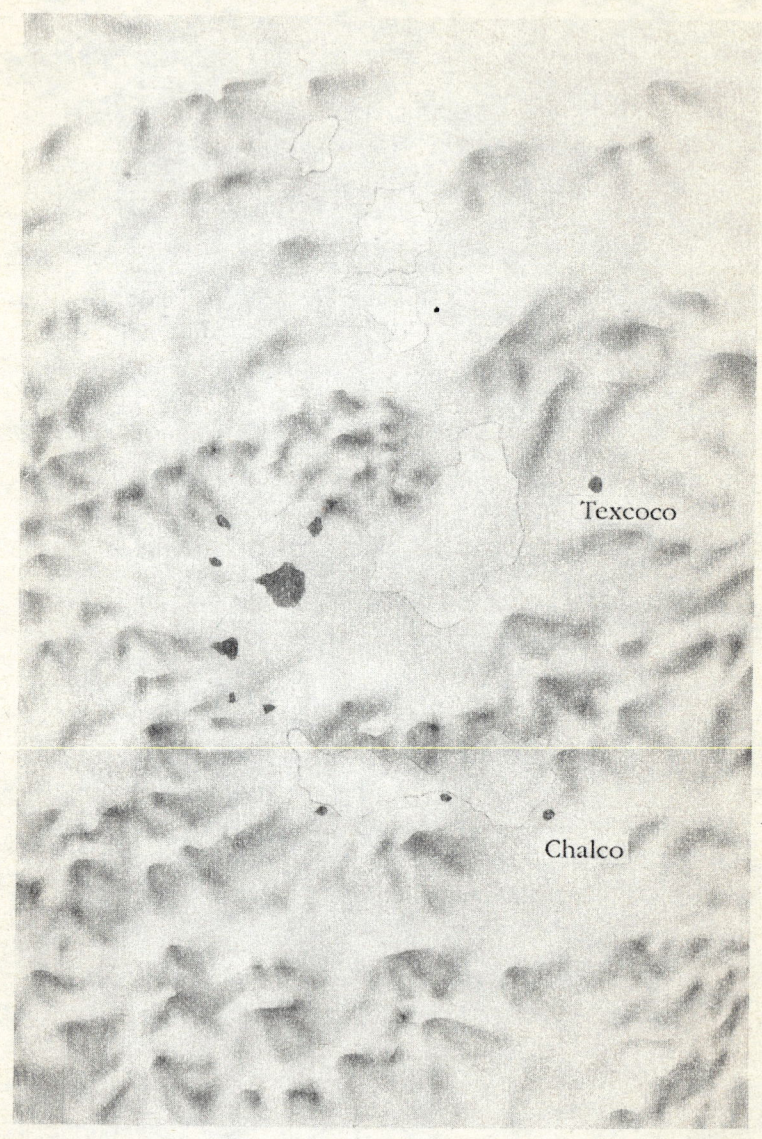

GRÁFICA 4. *De ciudad a metrópolis (1810-1990)*
(15 millones de habitantes; 1 250 km² de área urbana)

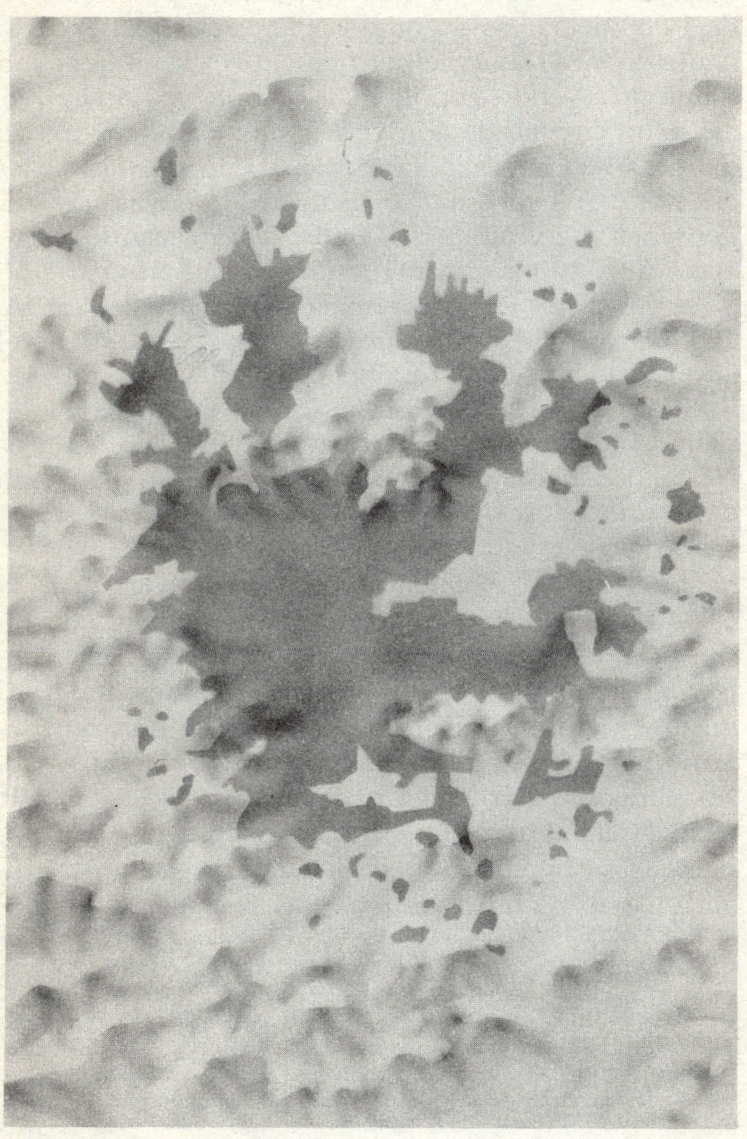

Al surponiente de la Cuenca, alrededor de 300 a. C., surgió el excepcional desarrollo de Cuicuilco; sus vestigios denotan tanto su gran extensión —posiblemente de 1 000 hectáreas— como la planeación del espacio ocupado. Ahí sobresale por primera vez la arquitectura religiosa. El edificio principal lo conforma una enorme masa circular de aproximadamente 135 metros de diámetro, en cuya cima descansaba un santuario. Hacia 100 o 200 años a. C. Cuicuilco fue devastado por la erupción volcánica del Xitle. Poco más tarde, entre 100 a. C. y 100 d. C., en Teotihuacan, al otro extremo de la Cuenca, se erigió la formidable Pirámide del Sol, de 220 metros por lado y más de 60 metros de alto. En el apogeo de la cultura Teotihuacana, hacia el siglo v de nuestra era, su población se estima en aproximadamente 100 000 habitantes, asentados en 22 kilómetros cuadrados. Teotihuacan fue la primera gran metrópoli de la Cuenca de México, y su influencia duró seis o siete siglos.

El colapso de Teotihuacan provocó un reajuste en la Cuenca de México que dio lugar al surgimiento de varios núcleos urbanos de cierta importancia, con arquitectura ceremonial de dimensiones monumentales. Al mismo tiempo, en el suroriente de la Cuenca, prosperaron los pueblos de tradición agrícola como Chalco, Xochimilco, Iztapalapa y Culhuacán. El desarrollo de técnicas de agricultura, riego y del cultivo sobre chinampas,[2] así como la gran facilidad de comunicación acuática, tornó muy atractiva esta zona.

---

[2] Las "chinampas" eran pequeñas isletas artificiales rectangulares. Se construían con juncos entrelazados sobre los que esparcían limo que servía para el cultivo. Después de cada cosecha añadían nuevas capas de limo, y a los pocos años la chinampa quedaba fija. Con el propósito de evitar que se desmoronara plantaban sauces en los bordes, para que sus raíces compactaran la tierra; entre cada chinampa dejaban canales.

Al llegar a la región los grupos de nómadas y guerreros chichimecas del norte se mezclaron con estos pueblos agricultores. Los chichimecas tuvieron que sufrir un proceso de aculturación y adoptaron la agricultura como forma de vida. A través de alianzas matrimoniales y del avasallamiento, emparentaron con los grandes señores del lugar; de este modo nacieron los señoríos de Tenayuca, Texcoco, Xaltocan y Azcapotzalco.

Tenochtitlan

La llegada de los aztecas o mexicas vino a transtornar el equilibrio de la Cuenca. Esta tribu de guerreros nómadas y empobrecidos decidió, según la leyenda, fundar ahí su capital.[3] Una vez asentados, los aztecas desarrollaron una de las ciudades más impresionantes de que se tenga memoria.

Doscientos años después, a la llegada de los españoles, Bernal Díaz del Castillo la describió como una ciudad de gran movimiento comercial, muy ordenada, de la cual soldados que habían estado en diversas partes del mundo dijeron que "plaza tan bien compasada y con tanto concierto y tamaña o llena de tanta gente no habían visto jamás".[4]

La fundación de México-Tenochtitlan se remonta a 1324, en un pequeño islote del lago de Meztliapan,

---

[3] Los aztecas habían abandonado su lugar de origen en el mítico Aztlán y de acuerdo con las indicaciones de su deidad Huitzilopochtli caminaron migrando hasta encontrar el sitio en el que apareció un águila posada sobre un nopal y devorando una serpiente. Esto sucedió en uno de los islotes centrales de los lagos del Valle de México.

[4] Bernal Díaz del Castillo, *Historia Verdadera de la Conquista de la Nueva España*, Barcelona, Ed. Círculo de Lectores, Cap. XCII, 1971, página 286.

como se llamaba entonces el Lago de Texcoco, perteneciente a Tezozómoc, señor de Azcapotzalco. Esto sucede después de que los mexicas fueron repudiados —debido a sus costumbres belicosas— por todos los pueblos de la región, quienes los relegaron a ese islote inhóspito. Al principio subsistieron de la pesca y la recolección, y poco a poco fueron construyendo chinampas con el fin de extender su territorio.

Sus primeras construcciones eran sencillas y austeras: de carrizo y lodo; al iniciar el intercambio de productos con los pueblos vecinos por nuevos materiales como piedra, madera y cal levantaron su primer templo.

Uno de los grupos se separó para establecerse en Tlatelolco, otro islote al norte de Tenochtitlan; ambos eran tributarios de Azcapotzalco, con rango de señoríos.

El primer señor de los mexicas fue Acamapichtli; durante su gobierno la Ciudad floreció y mejoró notablemente: se erigieron varios edificios importantes, todos de carrizo y lodo, menos el templo. Al crecer la Ciudad comenzaron a surgir los problemas relacionados con el abastecimiento de agua potable, la amenaza de inundaciones, y la falta de tierras.

Al crear la triple alianza con Tacuba y Texcoco, los mexicas lograron vencer a Azcapotzalco y dominar también Xochimilco y Coyoacán. Este hecho fue vital para su desarrollo urbano ya que, al dominar las riberas de los lagos, pudieron construir acueductos, albarradones,[5] acequias y calzadas, con lo que conquistaron el control hidráulico de la Cuenca. De esta forma consiguieron aumentar el número de chinampas tan-

---

[5] Albarradón: dique construido por los aztecas que se utilizaba para separar el agua dulce de la salubre y para mitigar las inundaciones que eran una constante en Tenochtitlan.

to para agricultura como para habitación, y regular el nivel de las aguas. Los canales de navegación constituyeron un factor vital para su desarrollo económico.

Alrededor de 1473, durante el reinado de Axayácatl, las relaciones entre México y Tlatelolco —que siempre habían sido difíciles— alcanzaron su peor momento: una guerra de la cual salieron victoriosos los mexicas, quienes entonces incorporaron Tlatelolco a su territorio.

El periodo de Moctezuma I fue de gran auge constructivo, ya que habían sustituido sus construcciones primitivas por otras de materiales como la piedra. Su obra más importante fue la reconstrucción del Templo Mayor, que se sobrepuso al anterior y se aumentó en dimensiones y decorado. También se levantaron las casas reales y la plaza del mercado, que posteriormente dieron origen a la Plaza Mayor.

En 1458 ocurrió la primera de tres grandes inundaciones. Con el fin de proteger la Ciudad, Moctezuma I solicitó el apoyo del rey de Texcoco, Nezahualcóyotl, para la construcción de un albarradón de Iztapalapa a Atzacoalco, con una extensión de 16 kilómetros. El dique fue erigido con piedra y estacas entrelazadas, con aberturas cada cierta distancia para permitir el paso de canoas y la regulación de las aguas.

El imperio siguió expandiéndose, y la Ciudad creciendo. Aunque el albarradón de Nezahualcóyotl protegió en buena medida a la Ciudad, alrededor de 1485 sufrió la segunda gran inundación, en parte debido a ciertas obras hidráulicas mal concebidas. Hubo que restaurar la Ciudad totalmente: los templos, palacios y edificios fueron reconstruidos como poco después los descubrirían los conquistadores.

La tercera gran inundación ocurrió en los tiempos

de Moctezuma Xocoyotzin, cuando un temporal incesante saturó de tal manera los ríos que la Ciudad quedó como un archipiélago.

En 1521 la gran Tenochtitlan contaba con una organización urbana consistente en un esquema cuyo núcleo era el centro ceremonial donde se situaban el mercado, las Casas Reales y la serie de templos —rodeados de suntuosos jardines— dentro de los que destacaba el Templo Mayor; de ahí partían, con simetría radial y hacia los cuatro puntos cardinales, las principales calzadas que limitaban los cuatro "huey calpulli" o cuarteles, en los que se distribuía la población. A su vez, estos sectores se dividían en "calpullis" o barrios, formados por agrupaciones de parcelas, a manera de manzanas. Las calles formaban una retícula ordenada por las calzadas que, además de comunicar con tierra firme y funcionar a veces como diques o acueductos, corrían de norte a sur y de oriente a poniente. Aunque las cifras varían de un autor a otro se estima que para entonces Tenochtitlan tenía 300 000 habitantes. El esplendor de esta ciudad rodeada de agua fue la majestuosa visión que, desde la cima del Cerro de la Estrella, cautivó a Cortés.

Capital de la Nueva España

Una vez consolidada la Conquista nació una nueva Ciudad de México bajo formas de organización social, política y urbanística totalmente diferentes.

La primera gran decisión fue levantar la nueva capital sobre las ruinas de Tenochtitlan. Podía haber sido de otra manera —ya que existían regiones bien conocidas por Cortés, con ciertas ventajas, como la cercanía al mar; sin embargo, prevaleció la concepción geopolítica de que, para conquistar y explotar este vasto y rico territorio cuyos límites los conquistadores no alcanzaban a percibir en ese entonces, era imprescindible alzar la nueva capital precisamente sobre las ruinas de la ciudad azteca.

Debieron haber pesado, además, consideraciones de carácter práctico. La Cuenca o Valle de México seguía disfrutando de agua en abundancia, de un buen clima debido sobre todo a la altitud en su latitud tropical[6] y de una infraestructura básica de canales, albarradones y calzadas que comunicaban las distintas islas entre sí y éstas con tierra firme. También contaba con una importante población indígena que, aunque diezmada por la guerra y las enfermedades que los españoles trajeron consigo, significaba una abundante mano de obra, bien calificada.

La Cédula Real de Felipe II, que normó la disposición de las ciudades españolas en el continente recién descubierto, claramente determinaba la traza urbana y la ubicación de las plazas, así como la localización de los principales edificios: iglesia, ayuntamiento y mercado. Dichas reglas se fundamentaban en las ideas urbanísticas más avanzadas del momento. Guillermo Tovar y de Teresa, cronista de la Ciudad de México, descubrió que el virrey Antonio de Mendoza utilizó uno de los primeros tratados de Leonne Battista Alberti, poco conocidos por aquel entonces

---

[6] No debe olvidarse que la Ciudad de México se encuentra en la latitud 19°30', que es una latitud tropical. En estas latitudes, a nivel del mar se presentan climas excesivamente calurosos que hubieran impedido el desarrollo de una Ciudad grande por los problemas de insalubridad derivados de su tamaño y las enfermedades tropicales como la malaria y el paludismo.

en Europa, para convertir a la antigua capital azteca en una ciudad renacentista.[7]

A partir de esta estructura la Ciudad se transformó rápidamente. Por un lado se construyeron las primeras casas y palacios de los españoles, todavía semifortificados, y por el otro se iniciaron las obras de los grandes monumentos.

La Catedral de México se dedicó por primera vez en 1656; y en 1667, al cerrarse la última bóveda, se dedicó por segunda vez. El Palacio Nacional se edificó en 1523, sobre los cimientos de las casas nuevas de Moctezuma Xocoyotzin, y fue la residencia oficial de Hernán Cortés.

Los conquistadores trajeron consigo varias órdenes religiosas. En junio de 1524 llegaron los primeros 12 frailes de la orden de San Francisco, que construyeron una pequeña iglesia donde antes se localizara el templo mayor de los indígenas, y que fue la primera en toda la Nueva España.

Poco a poco, cada orden fue requiriendo de templos y conventos: En 1526 se empezó la construcción del primer convento de Santo Domingo; el convento de la Concepción se fundó en 1541, el de Jesús María en 1580 y el de la Encarnación en 1594.[8]

Con estos avances, a finales del siglo XVI, ochenta años después de la Conquista, la Ciudad mostraba un aspecto totalmente diferente al de la Gran Tenochtitlan. La Ciudad ofrecía una conformación bien organizada con un núcleo urbano densamente poblado. Las calles, trazadas a escuadra siguiendo la traza primitiva, eran muy hermosas y anchas; los edificios —de

---

[7] Guillermo Tovar y de Teresa, *La Ciudad de los Palacios: Crónica de un patrimonio perdido*, t. I, p. 19.
[8] Lauro E. Roseell, *Iglesias y Conventos de México*, p. 203.

cal y canto—, grandes, altos y con muchas ventanas, balcones y rejas de hierro. Algunas calles contaban con acequias por donde circulaban gran número de canoas cargadas de diversos víveres.

En la cara poniente de la plaza central se localizaban los portales de mercaderes y sederos; en la parte sur, las casas de cabildos y la cárcel; en la faz oriente, las casas de Palacio; y en el norte, la Catedral. La capital era pequeña, aunque contaba con 29 conventos de varones y 22 de mujeres, todos de una opulencia que causaba admiración a propios y extraños.

A la Ciudad se entraba a través de tres calzadas: la de Cuautitlán, la que traía el agua de Chapultepec, y la que llamaban de la Piedad.

El agua provenía de dos lugares: de las fuentes de Santa Fe, que llegaba por atarjea de cal y canto; y de los manantiales de Chapultepec, por acueducto —al Mercado de San Juan, donde hoy está el Salto del Agua.

Sin considerar Tlatelolco, el núcleo urbanizado comprendía los siguientes límites: al norte, la acequia del Puente del Clérigo; al oriente, la acequia de Chalco —con una saliente hacia la Soledad, sin llegar a ella y limitada por la antigua calle de las Atarazanas; al sur, la calle que va a San Pablo; y al poniente, la calle de San Juan de Letrán (hoy Eje Central Lázaro Cárdenas). La zona circundante al núcleo urbano se hallaba rodeada de lagunas y pantanos; ahí se encontraban dispersas las casas de los indios, sin formar calles.

En el proyecto de la traza original de la Ciudad no figuró nunca la creación de jardines para recreación de sus habitantes. Ciertas mansiones y conventos edificados al principio de la Colonia contenían en su interior jardines y huertas, pero en ningún caso el pueblo tuvo acceso a ellos. Algo parecido ocurrió en la antigua Tenochtitlan, cuyos parques mantuvieron siempre un sello de rigurosa propiedad real.

Fue en 1592 cuando se hizo el primer parque público, al poniente de la Ciudad, en un arrabal insalubre, pantanoso y con álamos —por lo que fue bautizado con el nombre de Alameda.

La larga historia de inundaciones de la Ciudad y sus consecuentes obras de drenaje se remonta a esta época. La primera idea de construirle al Valle un desagüe directo hacia el norte surgió en 1580, aunque no fue sino hasta 24 años más tarde —después de que abundantes y prolongadas lluvias dejaron las zonas más bajas anegadas durante un año— cuando el virrey Juan de Mendoza y Luna pensó en emprender el desagüe en Huehuetoca, proyecto al que se opuso el fiscal; dicha oposición lo obligó a defender la Ciudad mediante la construcción de diques, empezando por la reparación de la albarrada que 51 años antes había construido don Luis de Velasco.

Durante los siguientes años se construyeron presas y diques que, en vez de resolver el problema, causaron daño a algunos pueblos de las orillas forzando a sus habitantes a abandonarlos.

El virrey, para poner fin a las inundaciones, nombró una comisión que debía encargarse de elaborar el proyecto de Huehuetoca para dar salida a las aguas del Lago de Texcoco, posteriormente llamado Túnel de Nochistongo.[9] El 28 de noviembre de 1607 se ini-

---

[9] Tajo de Nochistongo. Corte en el lomerío del mismo nombre en Huehuetoca, Estado de México, para dar salida a las aguas del Valle. Se le conoce también como el Desagüe de Huehuetoca o Túnel de Nochistongo. Durante el proceso de construcción, el túnel se derrumbó parcialmente, por lo que se decidió quitarle la bóveda y dejarlo como tajo

ció la obra con 15 000 indios, que no se inauguró sino hasta 1620.

Para cerciorarse si la obra de desagüe era tan indispensable como se decía, el virrey Marqués de Guelves, en 1622, mandó soltar las aguas del río Cuautitlán sobre el Lago de Zumpango. De momento no se advirtió el peligro, pero cuando quisieron cerrar las compuertas ya era demasiado tarde y la Ciudad volvió a anegarse durante algunos meses. Para mitigar los desbordamientos se realizaron, en 1626, algunas obras como el reforzamiento de las calzadas del rumbo de Tacubaya y la desviación del Río de los Morales.

En 1629 se trabajaba en el Túnel de Nochistongo, limpiándolo de escombros; a pesar de que el revestimiento de mampostería estuviera todavía incompleto, Enrico Martínez, ingeniero a cargo de la obra, tuvo la mala ocurrencia de dar cauce por dicho túnel al río Cuautitlán provocando que las lajas se desprendieran y obstruyeran el paso a las aguas; el desbordamiento llenó los lagos de Zumpango, Xaltocan, San Cristóbal para finalmente desembocar en el Lago de Texcoco. La Ciudad quedó virtualmente bajo las aguas; la población sufrió grandes pérdidas y, además, al no contar con agua potable, fue atacada por un sinfín de enfermedades.

Un mes más tarde habían fallecido más de 30 mil indígenas. De las 20 mil familias españolas ahí asentadas permanecieron apenas cuatrocientas. Las autoridades lanzaron un capitular exhortando a los habitantes a no abandonar su Ciudad.

Para reforzar este llamado el virrey decidió conti-

abierto. Ideado por Enrico Martínez en 1580. Se inició en 1607 y se concluyó hacia 1789. Ángel María Garibay, *Diccionario Porrúa: Historia, biografía y geografía de México*, 3a. ed., 1971, p. 1472.

nuar la obra de Huehuetoca. Pero el rey Felipe IV, tomando en consideración los grandes gastos erogados y por erogar en la obra del desagüe —y con la duda de que una vez terminada sirviera— envió a la Ciudad de México una Cédula Real en la que ordenaba su reubicación inmediata hacia los llanos de Tacuba y Tacubaya, en tierra firme.

La sociedad en general rechazó dicha orden argumentando la enorme inversión que la Ciudad representaba, y aduciendo también que sería un escándalo desamparar los monumentos consagrados al culto de Dios.

Los trabajos en Huehuetoca continuaron con dificultades, sobre todo porque los indios fueron atacados por una misteriosa epidemia llamada cocoliste.

En 1637, fuertes temblores ocasionaron el derrumbe de algunos arcos del túnel, y el virrey ordenó entonces que fuera convertido en tajo abierto, es decir, que se levantara la bóveda abriendo un corte inmenso.

La obra de Huehuetoca restituyó poco a poco la confianza de los habitantes, y la Ciudad pudo continuar su crecimiento, apoyado en la edificación de conventos e iglesias, como el suntuoso Colegio de San Ildefonso y el templo del Carmen —que fue dedicado en 1742.

Al término del siglo XVII la Ciudad ya había adquirido notoria importancia no sólo como cabeza de la Nueva España, sino también porque su población alcanzaba los 100 000 habitantes —sin contar con la población flotante de los pueblos circunvecinos.

La economía de la Ciudad se fundaba en el auge de la minería novohispana, que a su vez fomentó el comercio y las actividades artesanales y semimanufactureras. El desarrollo que dichas actividades alcanzaron en los tres siglos de la Colonia benefició principalmente a la Ciudad de México —que fue siempre el centro de comercialización del mercado exterior e interior.

La producción artesanal y la de obrajes,[10] que florecieron durante la Colonia, dependió en forma importante de los comerciantes. Desde 1592 había sido fundado el Consulado de Comercio de la Ciudad de México —por los comerciantes más acaudalados— con el fin de controlar el comercio de la Nueva España. Este consulado ejerció control absoluto sobre el comercio exterior, dominó la producción de los gremios artesanales y de obrajes, y posibilitó el posterior surgimiento de la industria manufacturera.

La capital de la Nueva España era una ciudad de contrastes: dentro de la traza se encontraban soberbios edificios de grandes zaguanes, enormes patios y largos corredores, el lujo era común y las casas aristocráticas ostentaban toda la opulencia imaginable. En cambio, fuera de la traza, en los barrios y en los suburbios, se encontraban hacinadas las habitaciones de los indios, chozas sin los menores satisfactores sanitarios y algunas hasta ubicadas en tierras pantanosas.

Las numerosas plazas y plazuelas daban variedad y belleza a la Ciudad. Se destacaban la Plaza Mayor, la del Volador, la de Tlatelolco, y las plazuelas de Santa Catarina, del Rastro, de Regina, de San Juan, de Loreto, de Santo Domingo, de la Concepción, de San Sebastián, del Carmen, del Factor, y otras más que en total sumaban 90.[11]

---

[10] Obraje: Manufactura, oficina o paraje donde se labran paños y otras cosas para el uso común; *Diccionario Enciclopédico Abreviado Espasa-Calpe*.

[11] Jesús Romero Flores, *Historia de una gran ciudad*, Ed. Morelos, 1953, p. 356.

Solía descuidarse la limpieza de los espacios públicos: La Plaza Mayor se encontraba sucia e invadida por los mercaderes que, al no caber ya en el Parián, empezaron a extenderse fuera de él.

En estos años salir de noche a las calles representaba un peligro dada la oscuridad. Para tener iluminada la vía pública, en 1762 se ordenó que en cada balcón y en cada puerta se colocaran faroles a costa del dueño. Poco después se dictaron disposiciones que obligaban a empedrar las calles y construir banquetas frente a las casas ubicadas dentro de la traza.

En 1763, debido a la abundancia de las aguas que bajaron del sur y del oriente, el lago creció y la Ciudad quedó de nuevo convertida en una isla durante varios meses.[12]

En 1772 una manga de agua ocasionó grandes daños en el Valle, la Ciudad se salvó gracias a que la corriente encontró salida por Nochistongo. Tres años después el río Cuautitlán volvió a desbordarse y fueron necesarias ciertas obras de emergencia. El Tajo de Nochistongo se terminó finalmente en el año de 1786, después de 178 años de arduo trabajo.

A pesar de los diversos problemas urbanos, durante el siglo XVIII continuaban levantándose edificios, como el primer plantel laico llamado Real Colegio de San Ignacio de Loyola de las Vizcaínas, el convento y la iglesia de San Fernando y el Sagrario Metropolitano.

En 1775 se abrió el Monte de Piedad. A finales de ese mismo año se estrenó el Paseo de Bucareli, construido sobre el camino de la Garita de Belén o La Piedad, y que principiaba en la unión con la Av. Paseo de la Reforma —donde se encontraba el Caballito— y terminaba en la actual Avenida Chapultepec.

---

[12] *Ibid.*, p. 241.

Entre 1771 y 1779 se cambió la cañería de agua potable, que venía de Chapultepec, por un acueducto de 904 arcos que terminaba en la fuente del Salto del Agua.

En 1790 fue rebajado 1.25 metros el nivel del piso de la plaza central, se introdujo drenaje y se construyeron fuentes para el abastecimiento de agua en sus cuatro esquinas. Ese mismo año también se inició el servicio de limpia,[13] se atendió la nomenclatura de las calles, y se asignó numeración a las casas, colegios, conventos y parroquias.

En 1794 fue cegada la acequia situada detrás de Santo Domingo, pues ya era inútil para la navegación —actualmente ahí se encuentran las calles de Perú, Apartado y Peña y Peña.

En un informe que rindió el virrey Revillagigedo acerca de los propietarios de inmuebles en ese año, el clero y la nobleza poseían 2 096 propiedades urbanas y los particulares nada más 1 250: la Ciudad pertenecía a los frailes y a las monjas.

Al ser la principal Ciudad de la Nueva España y fungir como centro político-administrativo, militar, religioso y comercial, la Ciudad de México se caracterizó por concentrar una gran población europea. La expulsión de los indios fuera de la traza de la Ciudad, por orden de la Corona, y la falta de apoyo económico para la construcción de sus calles y dotación de servicios públicos, sumado a las diferencias sociales entre indios, mestizos, criollos y blancos —aún más pronunciada por el sistema de castas que prohibía la mezcla entre clases— suscitó el descontento de los indios.

[13] Francisco Sedano, *Noticias de México*, t. I, p. 54.

GRÁFICA 5. *Conventos en la Ciudad de México antes de la Reforma*

GRÁFICA 6. *Conventos en la Ciudad de México en la actualidad*

La serie de movimientos libertadores en otras tierras —como el de las colonias inglesas en Norteamérica— mostraron a las demás colonias americanas el camino hacia la conquista de su libertad. Los criollos y mestizos de la Nueva España, al estallar la Revolución francesa, vieron aún más fortalecidos sus afanes de independencia. La repercusión de estos acontecimientos ocasionó en México grandes perturbaciones, y dio lugar a la formación de grupos que pugnaron por conseguir y al fin obtuvieron su independencia.

Independencia

Después de la Independencia, en la primera mitad del siglo XIX, la Ciudad no registró crecimiento alguno. Conservó la traza española y los conventos e iglesias siguieron siendo los edificios más relevantes. El triunfo liberal provocó, entre otras cosas, la demolición de los monasterios y su fraccionamiento en lotes para venderlos a particulares, la apertura de calles y avenidas, y la conversión de los edificios religiosos en bibliotecas, colegios, hospitales y vecindades (véase las gráficas 5 y 6).

Después de los años de dificultades económicas que la Independencia trajo consigo, a partir de 1858 la Ciudad comenzó a crecer de nuevo y a dejar atrás muchos de sus rasgos coloniales para incorporarse a la modernidad con un gobierno central cada vez más poderoso.

El surgimiento de los fraccionamientos dio lugar a la segregación de la población de acuerdo con su capacidad de compra. Las clases altas se ubicaron en suntuosas casonas rodeadas de jardines en las colonias que contaban con los mejores servicios. En cambio, las clases populares se establecieron en vecindades o casas de adobe en colonias carentes del más mínimo servicio. La creación de nuevos fraccionamientos a lo largo del Paseo de la Reforma ocasionó la ruptura de la regularidad de la traza.[14]

A finales del siglo XIX los límites de la capital eran: hacia el norte, Peralvillo —hoy Río Consulado—; al sur, el río de la Piedad —hoy Viaducto—; al oriente, Balbuena —hoy Congreso de la Unión—, y al poniente, la Calzada de la Verónica, actualmente Circuito Interior, de José Vasconcelos a Río Consulado.

Durante el porfiriato el crecimiento de la Capital se debió al desarrollo económico experimentado por el país, sobre todo por su incorporación a la economía internacional, a la sustitución de importaciones y a un esquema agrícola de exportación. La Ciudad se convirtió de nuevo en el principal centro de intercambio y consumo; su periferia se expandió gracias a la modernización del transporte y al establecimiento de numerosas industrias. En el corazón de la ciudad, que permaneció como núcleo político y símbolo de un poder centralizado, se construyeron suntuosos edificios gubernamentales.

En rebelión a Porfirio Díaz, en 1910 fue proclamado el Plan de San Luis por Francisco I. Madero, quien fue electo Presidente un año más tarde. Después de la Revolución, la población de la Ciudad se duplicó a medio millón de habitantes.

Con la consolidación del México moderno, a partir de los años treinta, la Ciudad entró de lleno en el pro-

---

[14] Departamento del Distrito Federal/El Colegio de México, *Atlas de la Ciudad de México*, 1987, p. 64.

ceso que la habría de convertir, décadas más tarde, en una de las metrópolis más grandes del mundo.

Durante esos años el crecimiento se dio en colonias como la San Rafael, la Roma, la Condesa, la Santa María la Ribera, la Escandón, las Lomas de Chapultepec, Polanco y la Obrera, que por lo general estaban bastante bien planeadas: calles anchas y arboladas, y abundantes espacios públicos. Todas ellas se encuentran hoy muy transformadas: algunas en proceso de decadencia, y otras sujetas a presiones inmobiliarias que arrastraron consigo el cambio en los usos del suelo: de habitacional —que fue su concepción original— a combinaciones de habitacional-multifamiliar, oficinas, y comercios de los más diversos tipos.

En los años cincuenta el país empezó a crecer económicamente aún más y a acrecentar su tasa demográfica. El desarrollo económico seguía proviniendo del modelo de sustitución de importaciones, y de una fuerte atención al mercado interno cuya mayor concentración tenía su sede en la Ciudad de México. Así arrancó una etapa de acelerada expansión del área urbana, tanto por las necesidades de la economía como por las del propio crecimiento natural de la población, y por el aumento de migración de las zonas rurales hacia la gran Ciudad.

La Ciudad se transformó de nuevo: el crecimiento ya no sólo provino de la aparición de nuevas colonias razonablemente planeadas sino que, por un lado, ante la demanda, se multiplicó la oferta de nuevos fraccionamientos que ya no ofrecían la calidad de los anteriores ni se estructuraban alrededor de la Ciudad en forma adecuada; y, por el otro, se aceleraron los fenómenos de expansión ilegal en tierras ejidales y antiguos pueblos, además del nacimiento de las presiones surgidas a consecuencia de las grandes invasiones.

Todo esto ocurrió dentro del territorio del Distrito Federal. En 1964, el entonces regente, Ernesto P. Uruchurtu, preocupado por el crecimiento excesivo del área urbana, tomó la determinación de prohibir nuevos asentamientos o fraccionamientos dentro del Distrito Federal. Esta prohibición generó un nuevo fenómeno que contribuyó a desordenar el desarrollo de la Ciudad al desviar la dinámica poblacional hacia los vecinos municipios del Estado de México. Principió entonces una época de expansión de la Ciudad en territorio de otra entidad que trajo como consecuencia que, a principios de los noventa, los 17 municipios metropolitanos contiguos al Distrito Federal, alberguen casi a la mitad de la población total de la Zona Metropolitana de la Ciudad de México.

Este nuevo modelo de crecimiento, legal e ilegal, forma el anillo que ocupa actualmente la mayor parte de la superficie de la Ciudad, imposible de describir colonia a colonia, pero que puede ejemplificarse en zonas residenciales como Jardines del Pedregal o Ciudad Satélite con su bien dispuesta traza y nivel de urbanización, aunque mal conectadas con el resto de la Ciudad. Los crecimientos legales de vivienda media se ejemplifican en lugares como Villa Coapa, donde además se ha fomentado la creación de vivienda de alta densidad, gran parte de ella construida por instituciones públicas; este fenómeno se reprodujo en sitios como Boulevares, San Mateo o Lomas Altas, Estado de México. Existen también desarrollos de vivienda residencial y media que surgieron de antiguos poblados o de fraccionamientos campestres, como en la zona de Cuajimalpa —alrededor del pueblo de

Cuajimalpa—, el de Contadero, o el fraccionamiento campestre Vistahermosa.

Los mejores ejemplos de crecimiento popular son el Municipio de Nezahualcóyotl —gran desarrollo ilegal pero razonablemente planeado—, o el crecimiento espontáneo e ilegal en buena parte de la Delegación Iztapalapa, tanto alrededor de los antiguos barrios y pueblos como en grandes extensiones baldías, sobre todo en el norte de la Delegación. Este patrón repetido en todo el Valle ha permitido resolver la habitación de familias de bajos ingresos. Sus características son la irregularidad en la tenencia de la tierra y un esquema de ocupación en el que primero se asienta la vivienda y después se introducen, por parte del Estado, agua potable y drenaje, escuelas, mercados y hospitales.

Además de las grandes concentraciones de habitación existen áreas con otro tipo de usos. A lo largo del siglo, se han creado de manera especializada varias zonas industriales, sobre todo en el norte del Distrito Federal, en las delegaciones Miguel Hidalgo, Cuauhtémoc y Azcapotzalco y en los municipios metropolitanos de Naucalpan, Tlalnepantla y Cuautitlán. También existen zonas industriales en Álvaro Obregón, Iztacalco e Iztapalapa.

Con el correr de los años ciertas áreas y avenidas se han ido especializando en el renglón de los servicios, tanto de oficinas como de comercios. El fenómeno más evidente es la expansión del centro de negocios de la Ciudad, que se encontraba circunscrito a lo que ahora es el Perímetro "A" del Centro Histórico,[15] pero

[15] El Perímetro "A" del Centro Histórico se limita: Al sur por José María Izazaga, al poniente por el Eje Central Lázaro Cárdenas, incluyendo

que en la década de los cuarenta comenzó a expandirse hacia el poniente, a lo largo de Avenida Juárez frente a la Alameda, y durante los cincuenta y sesenta a lo largo del Paseo de la Reforma —circunstancia que transformó estas avenidas.

En los setenta, este crecimiento del sector de servicios propició la construcción de edificios de oficinas, hoteles, comercios y restaurantes en la Zona Rosa. Más tarde continuó hacia Polanco, con fuerte presión hacia el poniente, sobre la parte baja de las Lomas de Chapultepec. El sismo de 1985 —con su secuela de destrucción en las zonas centrales— aceleró el ritmo de descentralización de los servicios hacia el poniente y el sur de la Ciudad, y fue entonces cuando cobraron auge el centro de oficinas en Bosques de las Lomas y el arco sur del Anillo Periférico.

En este proceso de expansión del centro de negocios también se ocupó prácticamente todo el corredor de la Avenida de los Insurgentes y, de manera heterogénea, buena parte de las zonas habitacionales de las delegaciones Cuauhtémoc, Miguel Hidalgo, Benito Juárez, y ahora Coyoacán e incluso Álvaro Obregón.

En el Estado de México, alrededor de la zona comercial de Ciudad Satélite y a lo largo del corredor de la carretera a Querétaro, se generó a su vez una importante concentración de servicios. En el oriente de la Ciudad, la Calzada Ignacio Zaragoza se ha convertido en el principal corredor de servicios para amplios sectores populares de Iztapalapa y de los municipios de Nezahualcóyotl, Chimalhuacán, y ahora Chalco.

Hasta aquí se ha presentado la evolución histórica

la Alameda, al norte por República de Costa Rica y República del Perú, y al oriente por Anillo de Circunvalación.

de la Ciudad de México. Se han analizado los principales factores demográficos, económicos, políticos y geográficos que condicionaron su desarrollo hasta convertirla en la que hoy conocemos. El siguiente capítulo tratará, de manera detallada, la situación en la que la Ciudad se encontraba a principios de la administración del presidente Salinas de Gortari (véase el cuadro 1 y las gráficas 7-16).

CUADRO 1. *Evolución de las estructuras políticas y administrativas, 1521-1993*

Año	Características
1521-1524	Los españoles introdujeron el sistema municipal castellano en Coyoacán.
1524	El ayuntamiento se trasladó a la Ciudad de México. Estaba integrado por un alcalde mayor, dos alcaldes ordinarios, ocho ediles, un escribano y un mayordomo.
1527	Se instaló la Real Audiencia de México que era un órgano de gobierno, encabezado por un Presidente.
1528	La estructura del ayuntamiento sufrió modificaciones. El ayuntamiento de la Ciudad adoptó facultades legislativas y de gobierno sobre todo el país; con el tiempo perdió dichas facultades, aunque conservó gran influencia sobre las ciudades capitales.
1535	Se nombró un virrey para la Nueva España, encargado del gobierno político, civil y económico de la ciudad, del Real Patronato, la Capitanía General y la Superintendencia de la Real Hacienda.
1539	Se decretó que la jurisdicción de la Ciudad tuviera 15 leguas. La Ciudad Española se fragmentaba en 2 porciones. La traza interior exclusiva para los peninsulares, y la exterior, para

Cuadro 1 *(continuación)*

Año	Características
	los indios, misma que se subdividía en 4 cabeceras.
1776	El virrey autorizó que el ayuntamiento otorgara puestos de vigilancia en la junta de policía a 5 vecinos de la Ciudad, a ellos se les llamó Regidores.
1780	Se creó el puesto de Alcalde de Barrio para vigilar y levantar registro de vagos y ladrones. La Junta de Policía estaba formada de los alcaldes que dependían del Diputado de Policía del Ayuntamiento y el Corregidor.
1786	A partir de este año se introdujo la figura del Intendente Corregidor de la Ciudad de México, Presidente del Ayuntamiento de la Ciudad —con facultades en materia de policía, hacienda y guerra. Se nombraron subdelegados que sustituirían a los alcaldes mayores y reforzarían las facultades de los virreyes.
1810-1821	El ayuntamiento de México mantuvo su división existente en 1810 que era de 32 cuarteles: 8 mayores y 4 menores dentro de cada uno de los primeros.
1821-1823	La Ciudad de México prosiguió a su vez con la división territorial existente, en cuarteles.
1824	El 28 de noviembre se creó el Distrito Federal. Se fijó la Ciudad de México como sede de los poderes federales, y se determinó que su correspondiente distrito quedara comprendido en un círculo cuyo centro debía ser la Plaza Mayor y su radio no mayor de 2 leguas (8 800 metros aproximadamente). La capital del Estado de México fue San Agustín de las Cuevas, actualmente Tlalpan. Área urbana: 3.7 kilómetros cuadrados. Área total: 390 kilómetros cuadrados. Habitantes: 169 000.

CUADRO 1 *(continuación)*

Año	Características
1829	El ayuntamiento publicó la fragmentación territorial de la municipalidad en 8 cuarteles mayores y 32 cuarteles menores.
1835	El territorio nacional se dividió en Departamentos. El Departamento de México se subdividía en 13 distritos. El Distrito Federal en tres partidos, Ciudad de México, Coyoacán y Tlalnepantla. El territorio del extinto Distrito Federal pasó íntegro a formar parte del Departamento de México.
1836	Se incorporó al Departamento de México el territorio de Tlaxcala.
1841-1846	El Distrito de México continuó dividido en tres partidos: Ciudad de México, Coyoacán y Tlalnepantla. Cada uno a su vez estaba seccionado en municipalidades.
1846-1857	Se volvió a crear el Distrito Federal y se designó a la Ciudad de México con esa naturaleza. Desde su inicio coexistieron dentro de él la municipalidad y la prefectura: por un lado estaba dividido en 8 prefecturas centrales y en tres prefecturas foráneas; por el otro, estaba la municipalidad de México.
1854	Por decreto se amplió el área de dicho distrito hasta: San Cristóbal Ecatepec, Tlalnepantla, Los Remedios, San Bartolo, Santa Fe, San Ángel, Coyoacán, Tlalpan, Xochimilco, Iztapalapa, Peñón Viejo y la medianía de las aguas del Lago de Texcoco. Se delimitaron tres prefecturas exteriores con cabeceras en: Tlalnepantla, Tacubaya y Tlalpan.
1857	El Distrito Federal se dividió de nueva cuenta en prefecturas centrales y prefecturas interiores, en la jurisdicción de los antiguos cuarteles.

CUADRO 1 *(continuación)*

Año	Características
1858	En julio se expidió un decreto que otorgaba nuevamente a la capital el carácter de Distrito de México.
1859	Se reordenaron los Departamentos: el Distrito de México junto con el de Texcoco, Tlalpan y Tlalnepantla conformaron el denominado Departamento del Valle de México, teniendo a la Ciudad de México como su capital.
1862	Se le incorporaron tres distritos más: Chalco, Texcoco y Otumba.
1861-1863	El Distrito Federal se dividió en la Municipalidad de México y cuatro partidos: Guadalupe Hidalgo, Xochimilco, Tlalpan y Tacubaya.
1864-1867	Se dividió en ocho cuarteles mayores de policía que se subdividían en cuarteles menores y éstos en manzanas o secciones.
1898	Se decretan los límites vigentes del Distrito Federal, con la Ciudad de México como centro. Adquiere la forma de gota y superficie que actualmente conserva; y se realiza el plano que lo delimitaba conocido como Plano de Linares. Área total 1 483 kilómetros cuadrados.
1899-1900	El Distrito Federal se dividió en la Municipalidad de México y en seis prefecturas o distritos que, a su vez, contenían a dos o más municipalidades. Área urbana: 12 kilómetros cuadrados. Área total: 1 483 kilómetros cuadrados. Habitantes: 368 698.
1910	La Ciudad pierde su autonomía. El Distrito Federal queda dividido en 13 municipalidades. Área urbana: 13.7 kilómetros cuadrados. Área total: 1 483 kilómetros cuadrados. Habitantes: 471 066.
1917	La Constitución decretada en 1917 ratificó que

CUADRO 1 *(continuación)*

Año	Características
	el Distrito Federal se compusiera del territorio que actualmente tiene. Con la expedición de la Ley de Organización del Distrito y Territorios Federales se mantuvo la división de la entidad vigente en 1899. Se señaló que el Distrito Federal se dividiera en municipalidades que deberían tener la extensión territorial y el número de habitantes suficientes para poder subsistir con sus propios recursos y contribuir a los gastos comunes. Área urbana: 62.6 kilómetros cuadrados. Habitantes: 906 603.
1928	Decreto Presidencial que suprime los Ayuntamientos. Se crea el Departamento del Distrito Federal. El Presidente de la República elige a su representante. En 1928 el territorio del Distrito Federal se divide en un Departamento Central y 13 delegaciones: Azcapotzalco, Iztacalco, Coyoacán, San Ángel, Magdalena Contreras, Cuajimalpa, Tlalpan, Iztapalapa, Xochimilco, Tláhuac, Milpa Alta, Guadalupe Hidalgo y General Anaya. La Ciudad de México se convirtió en la capital del Distrito Federal y las cabeceras de las delegaciones en las poblaciones del respectivo nombre. Área urbana: 62.6 kilómetros cuadrados. Habitantes: 1 230 000.
1941	Se ratifican los límites de 1898. El crecimiento de la población en la década de los cuarenta y los cincuenta es de 73.5%. División Política en la Ciudad de México y 12 delegaciones. Área urbana: 99.2 kilómetros cuadrados. Habitantes: 1 760 000.
1950	12 delegaciones y Departamento Central. Área urbana Distrito Federal: 146 kilómetros cuadrados: Área urbana total 151 kilómetros cuadrados. Habitantes: 3 170 193.

Cuadro 1 *(continuación)*

Año	Características
1959	Conurbación con el Estado de México que inició en 1953 en tres municipios. Área urbana Distrito Federal: 210 kilómetros cuadrados. Área urbana total: 223 kilómetros cuadrados. Habitantes: 4 870 848.
1970	Ya se han conurbado 12 municipios del Estado de México. En este año desaparecen los 12 cuarteles. Se divide en 16 delegaciones. Área urbana Distrito Federal: 309 kilómetros cuadrados. Área urbana total: 384 kilómetros cuadrados. Habitantes: 6 874 165.
1980	Se mantiene la división en 16 delegaciones. En 1976 se publicó la Ley de Desarrollo Urbano del Distrito Federal y la Ley General de Asentamientos Humanos; en 1978 el Plan Director para el Desarrollo Urbano. Área urbana: 750 kilómetros cuadrados. Habitantes: 8 831 079.
1993	El gobierno de la Zona Metropolitana de la Ciudad de México es compartido por el gobierno del Estado de México y por el Departamento del Distrito Federal. El gobierno del Estado de México se compone de la estructura tradicional del sistema federal mexicano: un gobierno estatal con un poder ejecutivo electo presidido por un gobernador, un poder judicial y un poder legislativo conformado por un congreso estatal. En un siguiente nivel están los municipios, conducidos por un presidente municipal electo que coordina los trabajos de las distintas áreas administrativas, y un cabildo local electo en representación de los intereses de la comunidad. Los municipios son conducidos por un presidente municipal electo que coordina los trabajos de las distintas áreas administrativas y un

Cuadro 1 *(conclusión)*

Año	Características

cabildo local electo en representación de los intereses de la comunidad.

El gobierno del Distrito Federal depende del Presidente de la República, quien lo delega en un Jefe del Departamento del Distrito Federal. Este último coordina el Departamento responsable de la administración del territorio del Distrito Federal.

El Departamento del Distrito Federal está conformado por un área central que cuenta con 6 Secretarías Generales, 4 Coordinaciones Generales y una Oficialía Mayor. Cada una de ellas cuenta con Direcciones Generales, Direcciones, Subdirecciones y Departamentos.

El sector descentralizado está constituido por las 16 delegaciones en que se divide el territorio del Distrito Federal, mismas que a su vez cuentan con subdelegaciones, subdirecciones y departamentos.

Existe además un sector desconcentrado del Departamento del Distrito Federal formado por empresas que han sido creadas a lo largo de los años para administrar servicios necesarios para la Ciudad. En este sector destacan el Sistema de Transporte Colectivo Metro, el Sistema de Transportes Eléctricos y la Central de Abastos.

Actualmente el Departamento del Distrito Federal cuenta con 222 mil 177 empleados; de los cuales 35 mil 883 constituyen personal de confianza, 141 mil 687 son sindicalizados, 14 mil 052 eventuales y 30 mil 555 de Seguridad Pública. Con dicha fuerza de trabajo se realiza la administración cotidiana de la Ciudad, se planea y conduce su futuro.

GRÁFICA 7. *1824. Área urbana: 3.7 kilómetros cuadrados*

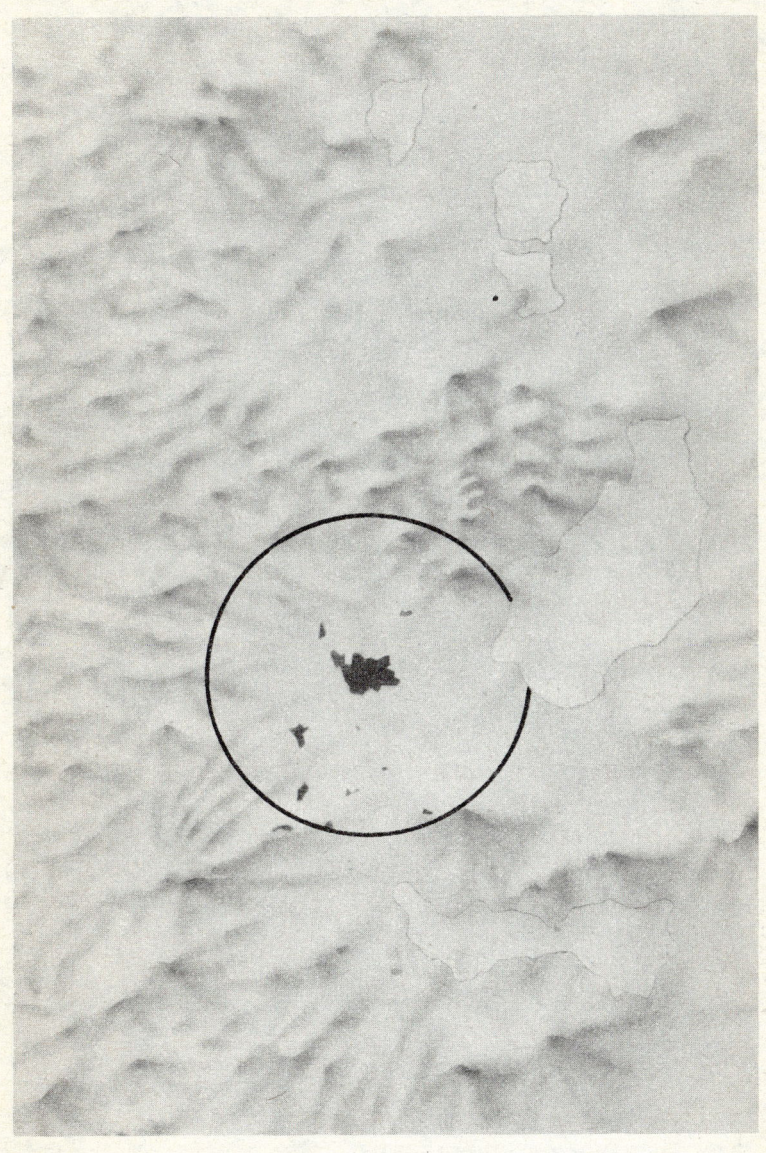

GRÁFICA 8. *1900. Área urbana: 12 kilómetros cuadrados*

GRÁFICA 9. *1910. Área urbana:*
13.7 kilómetros cuadrados

GRÁFICA 10. *1918. Área urbana: 62 kilómetros cuadrados*

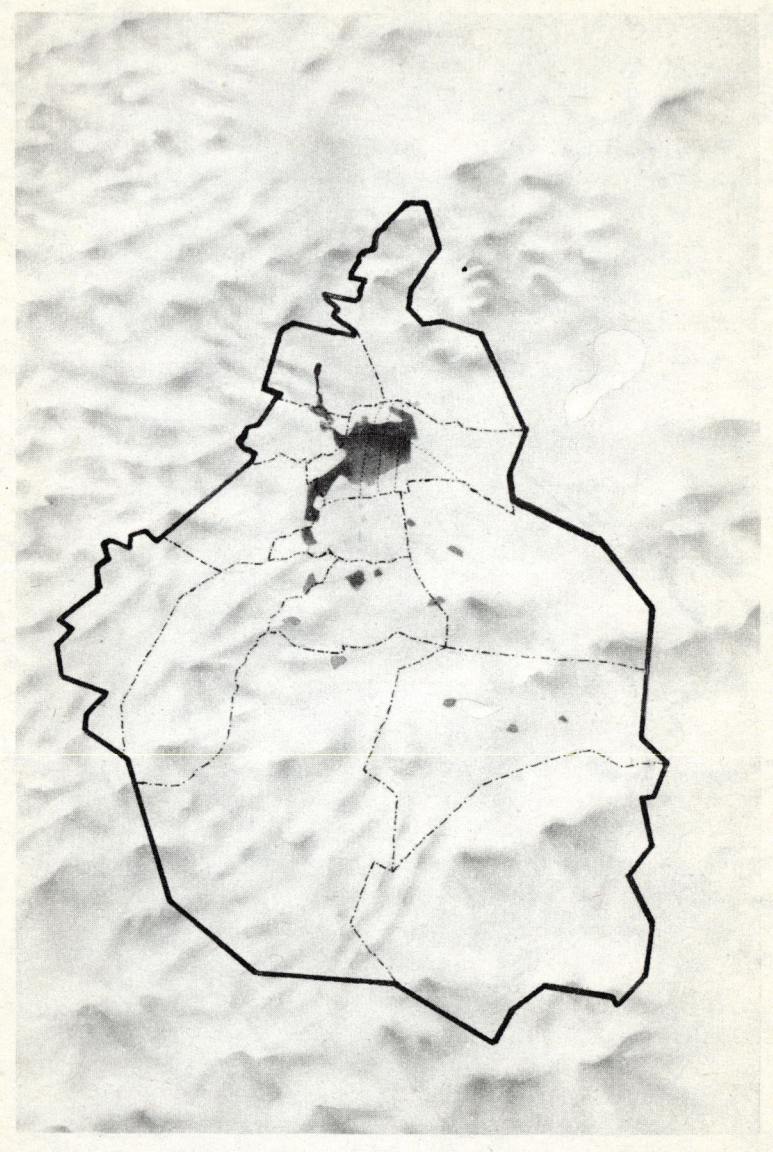

GRÁFICA 11. *1929. Área urbana:*
62.6 kilómetros cuadrados

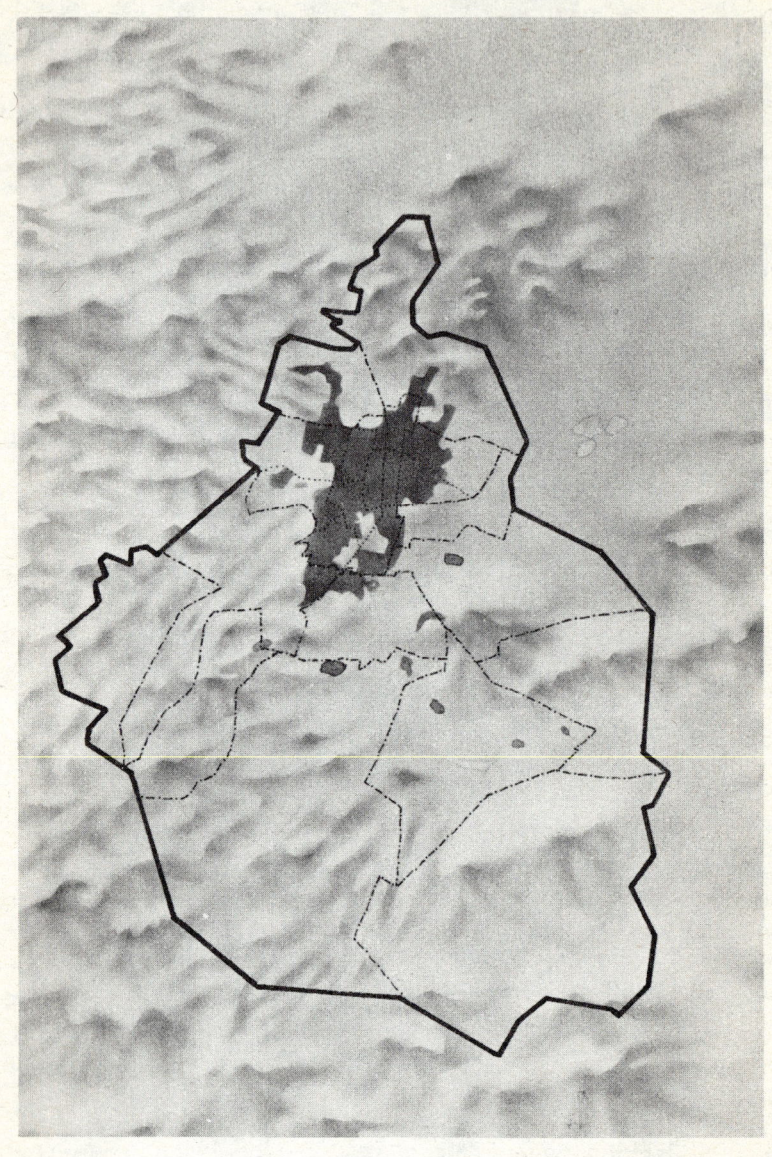

GRÁFICA 12. *1941. Área urbana: 99.2 kilómetros cuadrados*

GRÁFICA 13. *1950. Área urbana:
151 kilómetros cuadrados*

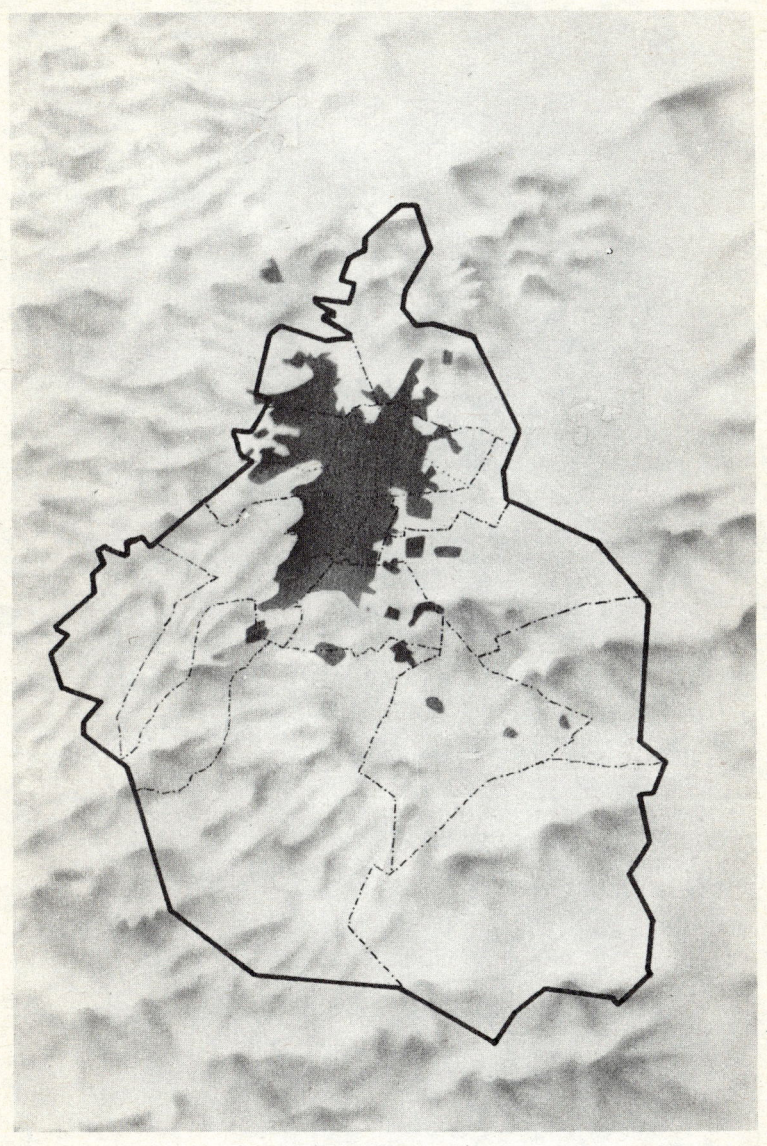

GRÁFICA 14. *1959. Área urbana: 223 kilómetros cuadrados*

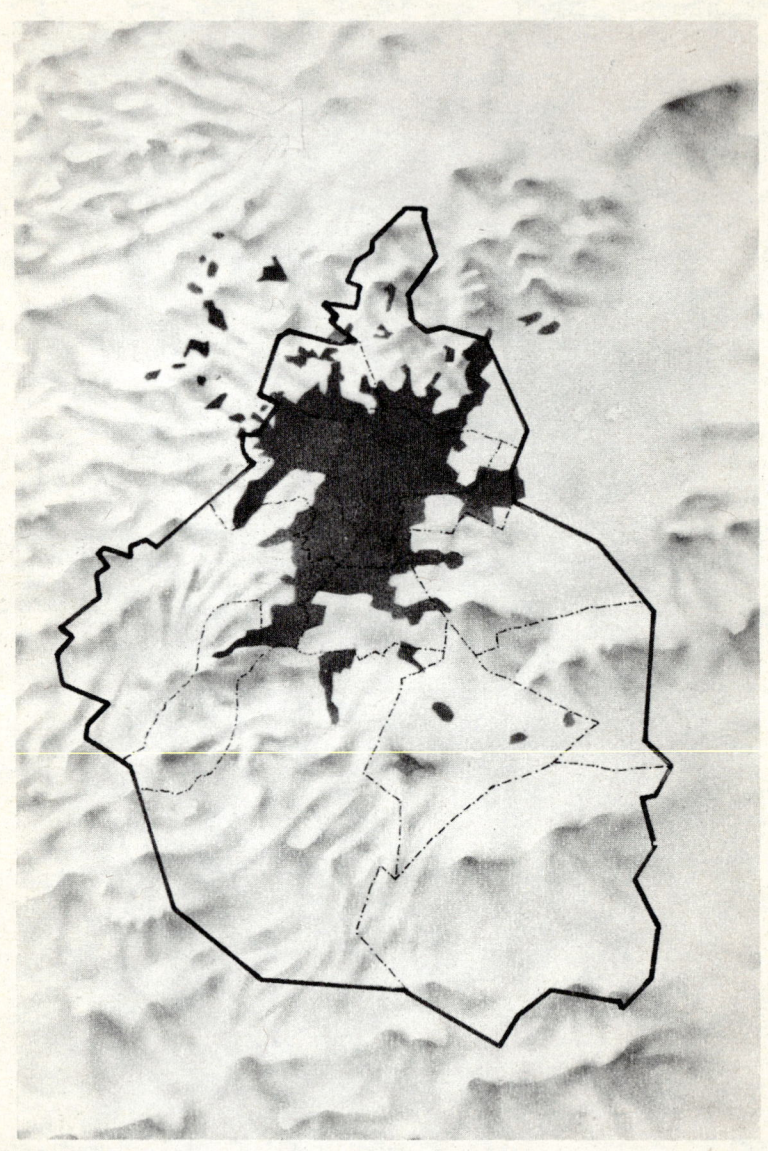

GRÁFICA 15. *1970. Área urbana:*
384 kilómetros cuadrados

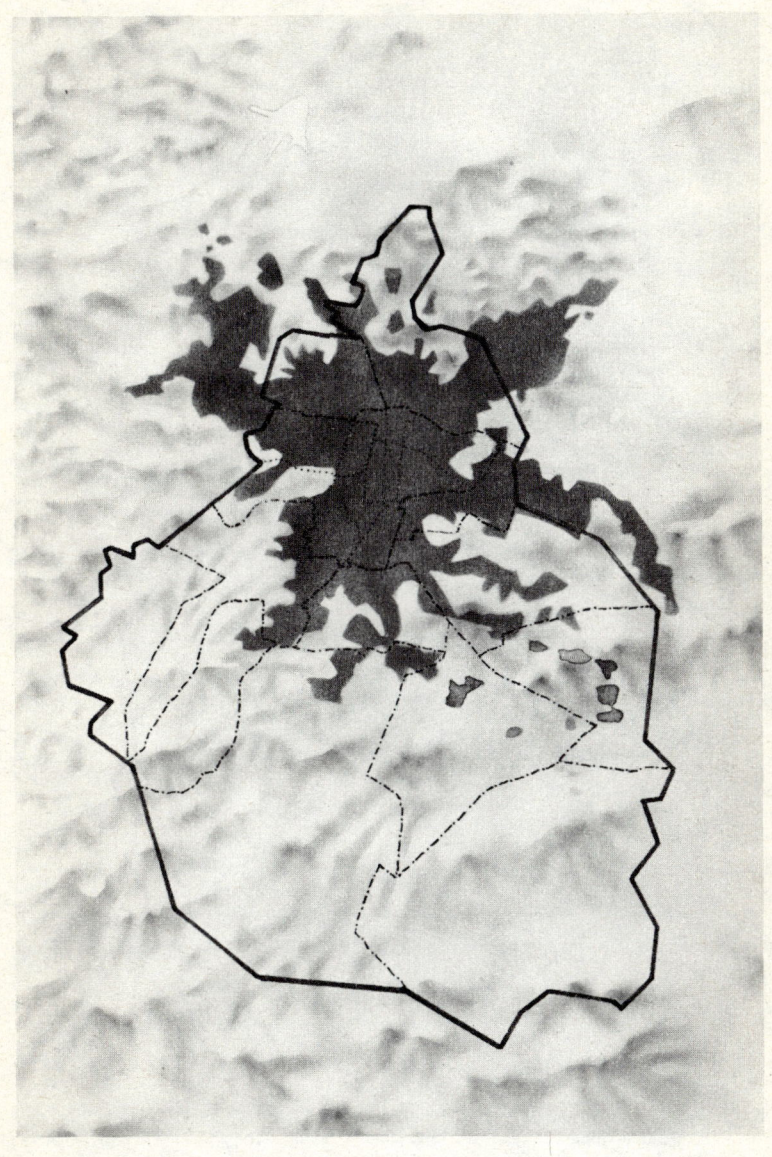

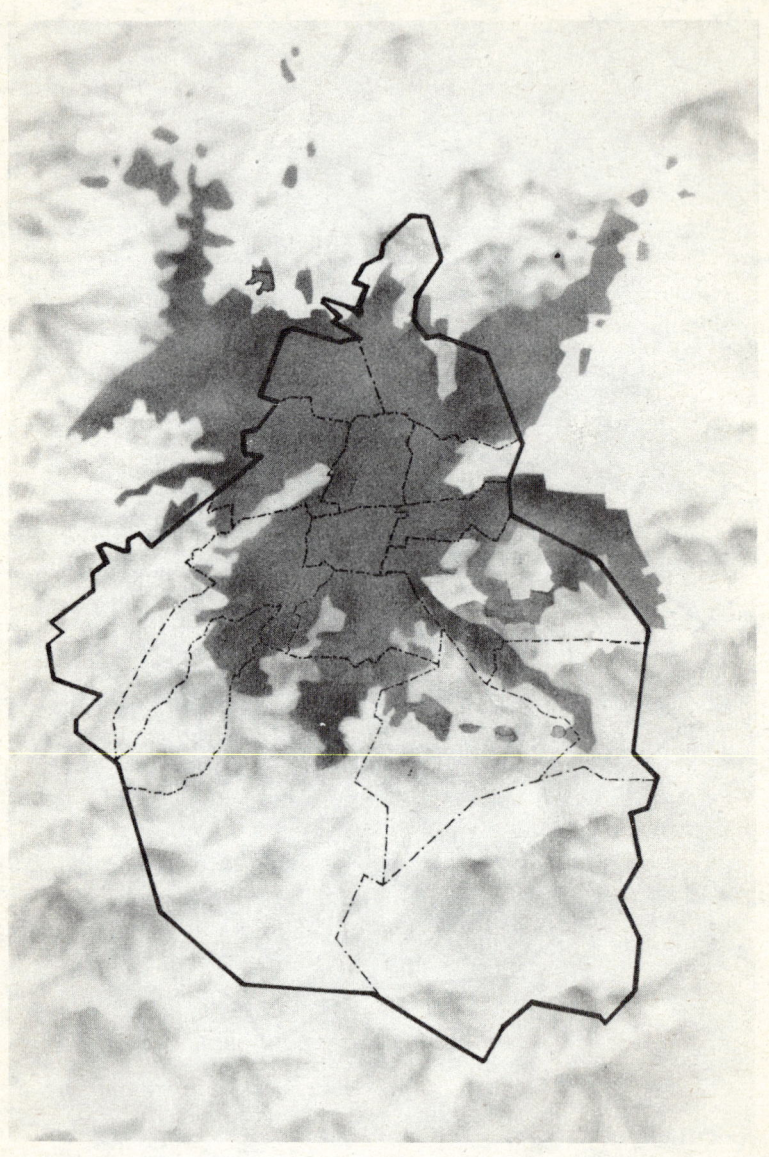

GRÁFICA 16. *1980. Área urbana: 750 kilómetros cuadrados*

II. TENDENCIAS DE LA CIUDAD DE MÉXICO

A FINALES de la década de los ochenta prevalecía una sensación de desánimo entre la población en general, particularmente en ciertos sectores sociales organizados y en determinados grupos de profesionales. Se llegó a temer que la Ciudad de México careciera de futuro, dado que había alcanzado límites que no parecían superables: estancamiento de su economía, desequilibrios ecológicos, tensiones sociales y políticas, y serios problemas comunes a todas las grandes ciudades como el de la seguridad pública.

Como se ha reiterado a lo largo de este trabajo, la Ciudad de México es producto de su historia; es y seguirá siendo, durante varias décadas, el centro indiscutible de la vida política y económica del país; y, aunque la descentralización esté menguando su preeminente fuerza —en beneficio de un modelo de desarrollo nacional más equilibrado y justo—, aún queda por delante un largo periodo de difícil transición entre ambos modelos, que deberá sobrellevarse sin perturbar gravemente los procesos sociales y económicos.

La Ciudad de México era, a finales de la década pasada, una de las concentraciones de producción y de poder adquisitivo más importantes del orbe, con una madurez social y política que avanzaba rápidamente, pero con una crucial escasez de agua, deterioro ambiental de graves proporciones, y rezagos difíciles de recuperar —referentes a la organización jurídica de la propiedad y a la dotación de servicios elementales como agua, drenaje, educación y salud—; y muchos otros de sus sistemas —como el transporte, la seguridad, o la disposición de basura— funcionaban a su límite. El deterioro ambiental del Valle era motivo de especial preocupación.

Como puede observarse, el problema de la Ciudad de México era y sigue siendo sumamente complejo: la humanidad nunca antes había enfrentado un fenómeno semejante. ¿Cómo diseñar nuevos enfoques y estrategias para su atención? ¿Cómo asumir esa responsabilidad histórica que necesariamente condicionará la vida de las futuras generaciones de mexicanos?

Estaba claro que el futuro de la Ciudad se vería seriamente comprometido de continuar estas tendencias. Saltaba a la vista la imposibilidad de proseguir con el aumento de los déficit, de la congestión de la contaminación atmosférica, de la inseguridad o del deterioro del Centro Histórico.

Debían utilizarse, con claridad y firmeza, los conocimientos de estos últimos años de intenso proceso de urbanización para poder transformar las tendencias y evitar el colapso de la urbe.

De no contarse con una idea clara del conjunto de sus procesos y transformaciones, resulta sumamente difícil describir —de manera sintética y estructurada— un fenómeno tan complejo como el de una ciudad. Estos procesos han creado una ciudad que parece caótica y más bien producto del azar, pero que en realidad responde claramente a patrones demográficos, económicos, políticos y culturales.

Para mayor claridad, en este capítulo se realizará una descripción de las particularidades que, en materia demográfica y económica, determinaban a la Ciudad; y también de sus características y conformación física, sobre todo en relación al Valle de México; y posteriormente se explicarán las tendencias de los principales sectores como agua potable o transporte.

Estructura demográfica

En el último cuarto del siglo la Ciudad de México ha venido sufriendo una acelerada transformación demográfica que irá modificando muchos de sus patrones de desarrollo. Según el Censo de 1990 la Zona Metropolitana registró 14 582 678 habitantes,[1] 8 235 744 en el Distrito Federal, y 6 346 934 en los 17 municipios conurbados del Estado de México. La tasa de crecimiento general —de 1980 a 1990— fue de 1.86% anual para la zona en su conjunto, aunque el Distrito Federal sólo creció 0.26% y en cambio los municipios metropolitanos 2.92 por ciento.

Es muy significativo, para el futuro de la Ciudad, que habiendo llegado a crecer en los años cuarenta a 6.56% y en los cincuenta a 5.13% anual, actualmente

[1] Según el documento "Censos de Población y Vivienda 1980-1990, confrontación de resultados", publicado por el INEGI, se deduce que los resultados del Censo de 1980 no son precisos debido a la deficiencia de la calidad de la información de cada uno de los temas censales. Esto se debió a que una de las variables utilizadas obligó a recurrir a deducciones y ajustes sofisticados sin lograrse resultados satisfactorios.

no se cuente entre las áreas urbanas que más crecen en el país.

En años recientes las ciudades medias han estado creciendo más, sobre todo en las costas y las fronteras, debido principalmente a que los flujos migratorios comienzan a reorientarse, y a que las tasas de crecimiento natural de las grandes ciudades se han reducido drásticamente.

Pero no basta ver la Zona Metropolitana en su conjunto. Para entender su demografía es necesario observar con detenimiento lo que ocurre en su interior. Como ya se dijo, el Distrito Federal crece a una tasa anual muy baja, de 0.26%; las delegaciones centrales registran una pérdida de población, que provoca el crecimiento de las delegaciones periféricas y de los municipios metropolitanos: un alto porcentaje de los nuevos habitantes de Cuajimalpa o Tláhuac, o de los recién formados asentamientos en el Valle de Chalco o en Chimalhuacán no son, como hubiera podido esperarse, migrantes de los estados más pobres de la República, sino antiguos habitantes del Distrito Federal.

Lo anterior se refleja en los números: En el Distrito Federal el crecimiento natural —nacimientos menos muertes— fue de 1 723 585 —entre 1980 y 1990—, pero estuvo compensado con la emigración de 1 512 339 personas, reubicadas en su mayoría en los municipios metropolitanos. Sin embargo, no debe olvidarse que, aunque existan dichos procesos de migración entre ambas entidades, la Zona Metropolitana opera como una gran Ciudad y muchos de sus habitantes se movilizan de manera cotidiana hacia las delegaciones centrales del Distrito Federal donde tienen su empleo, o para asistir a la escuela, o en busca de servicios indispensables.

Tampoco deben ignorarse las presiones producto de la pirámide de edades: la gran cantidad de población que en los noventa requerirá de vivienda y empleo no se debe al crecimiento demográfico actual, sino al de hace dos y tres décadas —cuando el país y la Ciudad crecían a tasas muy superiores.

Al mismo tiempo tampoco puede soslayarse el hecho de que todos los días llegan miles de personas que viven en las ciudades cercanas: Toluca, Cuernavaca, Pachuca, Puebla, Tlaxcala y Querétaro. En el Distrito Federal viven alrededor de 8 millones de personas que realizan en promedio 3 viajes al día cada una. Si en el Distrito Federal se realizan 28 millones de viajes-persona-día, quiere decir que por lo menos 1.3 millones de esas personas no viven en el Distrito Federal, sino que únicamente se transportan dentro de su territorio.

Un fenómeno complementario al demográfico es el relacionado con el cambio del uso del suelo en las delegaciones centrales. Como ya se dijo, el centro de negocios de la Ciudad —la concentración espacial de los servicios, finanzas, gobierno, comercio y educación— se ha venido expandiendo a lo largo de los años, producto del crecimiento económico y del empleo, del crecimiento demográfico que cada vez demanda mayores servicios y de las preferencias de la población. Esta expansión provocó a su vez varios fenómenos: En primer lugar, al ser más alta la rentabilidad de los usos distintos al de vivienda, se generó un incentivo para que los propietarios vendieran sus casas y migraran hacia las zonas periféricas, de donde se derivó un crecimiento del área urbana. En segundo lugar, la expansión del centro de negocios no fue uniforme, sino que produjo zonas de usos muy heterogéneos, con la consiguiente pérdida de calidad de vida para quienes las habitan. También, con el desarrollo de nuevas zonas de servicios o vivienda, las antiguas zonas se fueron deteriorando. Este fue el caso del Centro Histórico, del costado sur de la Alameda, del Paseo de la Reforma y de la Zona Rosa.

En resumen, de mantenerse las actuales tendencias demográficas, para el año 2010 el Distrito Federal solamente tendría alrededor de 600 000 habitantes más, mientras que los municipios conurbados llegarían a ser 57 y habría que sumarles cerca de 9 millones de habitantes más. La Zona Metropolitana contaría entonces con 24 millones de habitantes —10 más de los que actualmente tiene. Sin embargo, todo parece indicar que las tasas de crecimiento continuarán descendiendo, y es muy probable que las cifras sean menores.

Economía y finanzas públicas

Así como la Ciudad sufre importantes transformaciones físicas, también su estructura económica se modifica rápidamente: cambio radical que debe mantenerse bajo control para evitar lo sucedido a ciudades que han perdido su base económica tradicional sin haber logrado sustituirla por otra.

Las ciudades que dependen demasiado de un solo sector económico —como el financiero—, o aquellas ciudades medianas o pequeñas que dependen de una única industria —como la siderúrgica, la automotriz o la militar— están sujetas a los vaivenes provenientes de la suerte que corra su soporte económico en los mercados mundiales. Por el contrario, las ciudades que presentan una base económica diversificada pueden absorber de mejor manera, en beneficio de su población, los inevitables ajustes y transformaciones de las economías y de los mercados nacionales e internacionales.

La Ciudad de México es una de las concentraciones económicas más importantes del orbe. El Distrito Federal genera 27.5% del producto interno bruto del país, y la Zona Metropolitana en su conjunto alrededor de 37%. Si la Zona Metropolitana fuera un país, su PIB sería equivalente al de todos los países centroamericanos más Colombia, o casi tan grande como el de la República Argentina.

Esta importante actividad económica ha sido sustentada siempre por tres grandes sectores: las actividades del gobierno, la industria manufacturera y los servicios de educación, salud, finanzas y comercio.

En materia fiscal la Ciudad de México había recibido tradicionalmente grandes apoyos de la federación. Durante varias décadas el gobierno federal ha proporcionado el subsidio que se otorga al transporte público. También absorbió, en buena medida, los costos de muchas de las grandes obras de infraestructura, como el Metro, el drenaje profundo, o las obras de captación y conducción de agua del río Lerma y del Cutzamala. La visión generalizada de que los estados de la federación subsidiaban a la gran Ciudad era completamente cierta.

Sin embargo las cosas se están transformando rápidamente. En relación a los sectores económicos que sustentan el empleo y la base fiscal, dos de ellos están decreciendo: gobierno e industria. Por otro lado, la política fiscal de los últimos años ha reducido de manera drástica los apoyos federales a la Ciudad e incluso ha hecho descender su participación en las transferencias de impuestos federales.[2] En lo económico, ciudades como Guadalajara, Monterrey, León, Tijuana o Cancún, comienzan a disputar a la Ciudad de México la primacía en industria, en convenciones y exposiciones, en cultura, turismo, telecomunicaciones, o aeropuertos.

La derrama económica que genera la presencia de un gobierno centralizado y fuerte se ha venido reduciendo: la descentralización ha logrado que cada vez se asuman más funciones en los estados y municipios; el adelgazamiento de las estructuras burocráticas, la venta y privatización de bancos y empresas paraestatales han tenido ya efectos sobre el empleo, y en el futuro los tendrán sobre la generación de riqueza en la Ciudad de México.

Estas medidas eran necesarias y altamente positivas para la nación e incluso para la Ciudad ya que disminuirán su crecimiento demográfico. Sin embargo, deberán cuidarse sus consecuencias sobre la economía en términos de pérdida de empleos, de derrama económica y de base fiscal.

También la industria manufacturera de la Ciudad de México se encuentra en proceso de transición. Una combinación de factores internos y externos pro-

---

[2] Entre 1983 y 1988 el Distrito Federal recibió un promedio anual de 21% de participación en los impuestos federales asignables, que sumados a las transferencias federales asignables para los organismos de transporte, llegó a sumar 63% de sus ingresos anuales. Debido a la reforma fiscal y al saneamiento de las finanzas públicas, a partir de 1990 se aplica una nueva fórmula de participación en ingreso federal que ha hecho bajar el coeficiente correspondiente al Distrito Federal hasta su nivel actual de 16% y a menos de 14% que le corresponderá en 1994. La presente administración con sus propios recursos derivados de impuestos, derechos y contribuciones locales se hace cargo de la inversión en la construcción de líneas del Metro y del subsidio al transporte.

piciaron su desindustrialización: por un lado, la escasez de suelo y su elevado costo, el alto precio del agua, los gastos en que incurre la industria para cumplir con las normas ambientales, y los costos de congestión crecientes; y por el otro, el cambio en la política económica nacional, que cambió su orientación hacia el mercado interno por una orientación exportadora. Como consecuencia la Zona Metropolitana está dejando de ser el lugar ideal para asentar industrias.

En los últimos años prácticamente ninguna industria mediana o grande ha solicitado autorización para instalarse en la Ciudad de México. Por el contrario, un número creciente ha empezado a trasladar sus plantas a otras ciudades. Del total de licencias de uso del suelo diferente al de vivienda —expedidas entre 1988 y 1993—, menos de 10% fueron para industria. Este fenómeno se reflejó —en la última década— en el descenso —de 30 a 20%— de la participación del empleo industrial en la población económicamente activa del Distrito Federal.

En general la salida de industrias es bien acogida por la ciudadanía y los medios de comunicación debido a la estrecha relación que guarda con la calidad del aire y con la disminución de molestias a las comunidades vecinas. Sin embargo, desde el punto de vista económico, el fenómeno resulta preocupante: Por una parte, los salarios industriales son en general más altos que los de servicios; y, por la otra, es difícil que los obreros de una industria que se descentraliza muden su residencia o resuelvan convertirse en trabajadores de servicios. A su vez, la derrama fiscal de una industria es más alta que la de los usos que la sustituyen.

En esta materia, como en tantas otras relativas a la Ciudad, es imprescindible un manejo cuidadoso y equilibrado. Es verdad que las industrias contaminantes o grandes consumidoras de agua deben ir abandonando paulatinamente la Ciudad, pero al mismo tiempo es necesario promover la permanencia y modernización de la planta industrial apta para cumplir con las normas ambientales, y fomentar, además, una nueva industria no contaminante en áreas de alta tecnología, ensamblaje o farmacéutica.

El único sector económico de la Ciudad que presentaba una importante dinámica es el de los servicios. En ese renglón la Ciudad de México ha demostrado tener ventajas sobre otras ciudades, e incluso ser altamente competitiva.

La existencia de los niveles más altos de educación en el país, la presencia de centros de investigación y de grupos profesionales de ingenierías y diseño, la gran dimensión del mercado y los crecimientos acelerados de la demanda —como producto de la recuperación económica— y el desarrollo del sector financiero, son todos factores que estimularon un rápido incremento del comercio, de las finanzas, y de los servicios de educación, de salud, de recreación, de cultura y de alojamiento. A partir de la firma del Pacto para la Estabilidad Económica —1988— se ha observado un aumento de la inversión inmobiliaria en la Ciudad, puesto que, una vez abatidos los niveles de inflación y bajado las tasas de interés, se volvió más rentable.

En relación con las finanzas públicas, la década de los ochenta fue crítica debido al estancamiento económico, a la obsolescencia de la planta productiva y al déficit fiscal. La inversión pública y privada se empantanó; en consecuencia crecieron el desempleo juvenil y la economía informal. Dado que la mayoría de las industrias de la Ciudad nacieron con los más altos niveles de protección, son, tecnológicamente, obsoletas. La Ciudad importa 40% del total nacional y exporta sólo 4%: ha sido la zona más subsidiada de toda la nación.

En el plano financiero, el principal problema que enfrentaba la Zona Metropolitana era su insuficiencia para atender las necesidades ocasionada por los bajos impuestos y derechos, por el rezago en la incorporación de amplios sectores sociales y económicos a los mecanismos tributarios y por la aplicación de elevados subsidios a los servicios públicos.

CRECIMIENTO URBANO

A finales de los ochenta la Zona Metropolitana de la Ciudad de México se asentaba sobre un área urbana continua de 1 250 kilómetros cuadrados: 52% dentro del Distrito Federal y el restante 48% en los municipios metropolitanos. La densidad de población era en promedio de 90 habitantes por hectárea: 115 para el Distrito Federal y 87 para los municipios metropolitanos, hecho que la convertía en una de las ciudades más densas del mundo (véase las gráficas 17-21).

Durante la segunda mitad de este siglo la evolución de la estructura de usos de suelo en la Zona Metropolitana se rezagó de cara a su propio crecimiento, ya que persistió la concentración de actividades comerciales y de servicios en las Delegaciones centrales del Distrito Federal, y, por otro lado, se configuraron amplísimas ciudades dormitorio en los municipios metropolitanos del Estado de México. Esta concentra-

GRÁFICA 17. *Tokio*

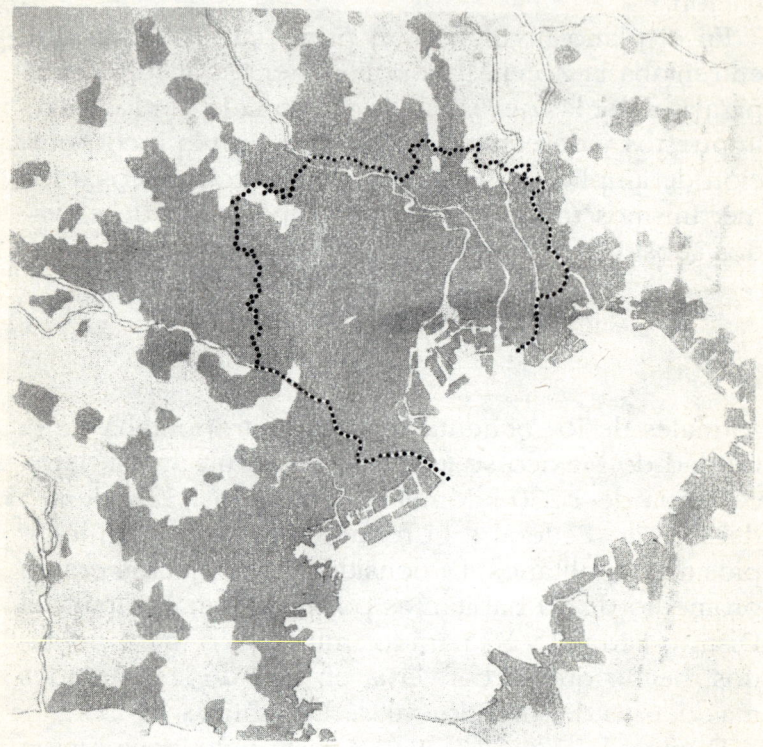

Población: 11.72 millones de habitantes
Superficie: 2 156 km²
Densidad: 5 435 habitantes/km²

GRÁFICA 18. *París*

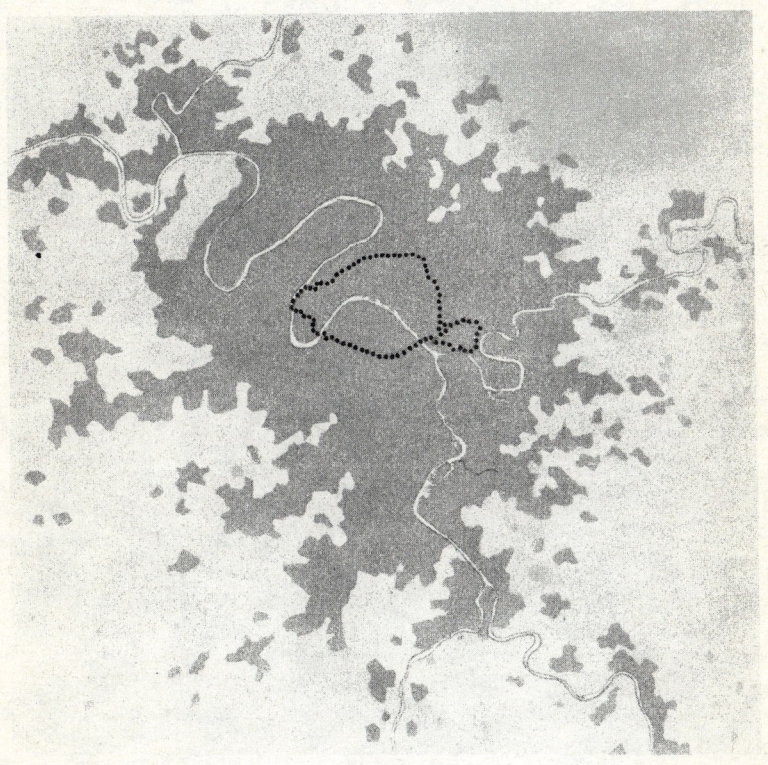

Población: 10.66 millones de habitantes
Superficie: 2 500 km²
Densidad: 4 264 habitantes/km²

GRÁFICA 19. *Hong Kong*

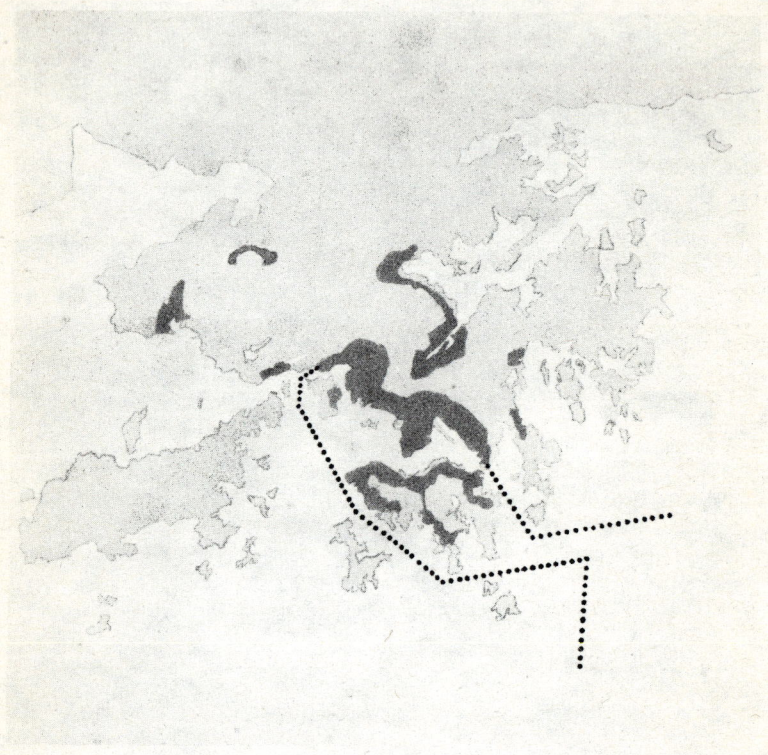

Población: 5.42 millones de habitantes
Superficie: 1 090 km²
Densidad: 4 972 habitantes/km²

GRÁFICA 20. *Phoenix*

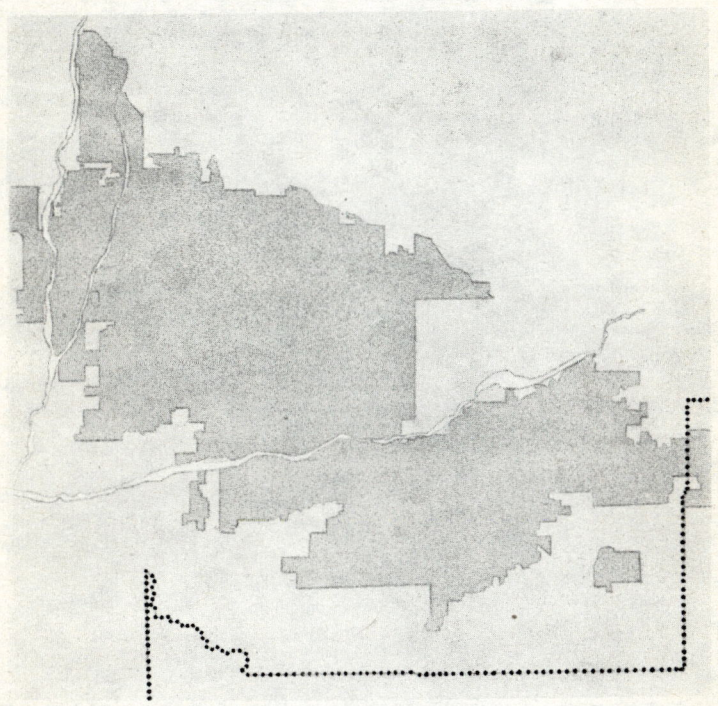

Población: 1.54 millones de habitantes
Superficie: 1 950 km²
Densidad: 789 habitantes/km²

GRÁFICA 21. *Ciudad de México*

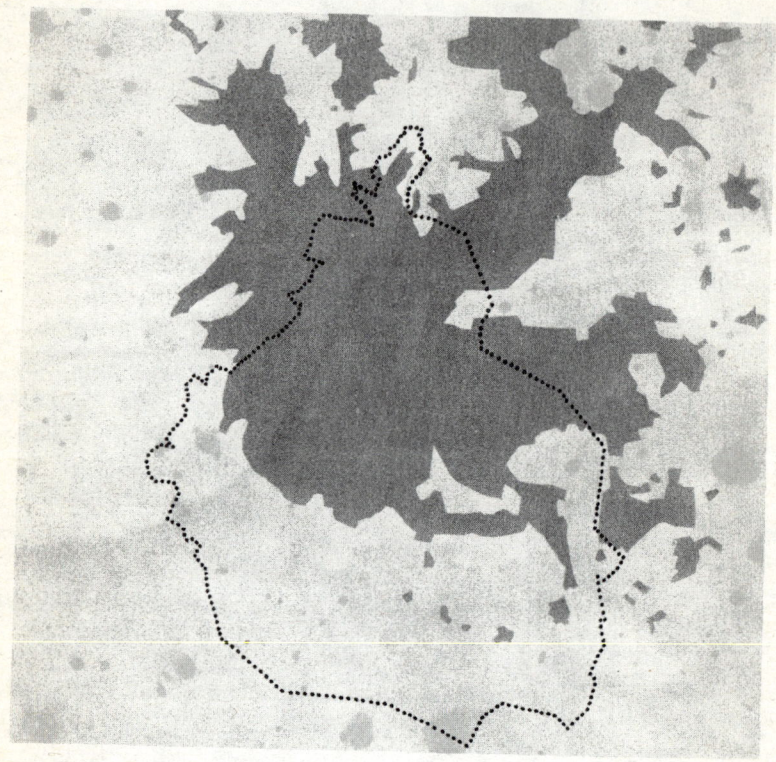

Población: 15 millones de habitantes
Superficie: 1 250 km²
Densidad: 12 000 habitantes/km²

ción del empleo y de los servicios se vio reforzada debido a mejores niveles de infraestructura y —como ya se dijo— a un transporte más eficiente subsidiado por el Distrito Federal. Como resultado de la desarticulación entre residencia, empleo y servicios, aumentaron las distancias, los tiempos y costos de transportación, y se agudizó la congestión.

En relación a la utilización del suelo, de los 1 250 kilómetros cuadrados le corresponden al Distrito Federal 634; de éstos, 68% —432 kilómetros cuadrados— se encontraba lotificado, 24% —153 kilómetros cuadrados— destinado a calles y vías públicas, y el restante 8% —49 kilómetros cuadrados— a espacios abiertos.

El 68% lotificado —432 kilómetros cuadrados— está subdividido en 272 kilómetros cuadrados destinados a vivienda —63%—; 29 kilómetros cuadrados a la industria —7%—; 51 kilómetros cuadrados al comercio y servicios —11.5%—, y 80 kilómetros cuadrados de baldíos —18.5% (véase la gráfica 22).

En la estructura urbana de la Ciudad de México pueden apreciarse huellas de sus distintas épocas. De la ciudad prehispánica no queda sino su emplazamiento y una serie de construcciones diversas dentro de las que destacan el Templo Mayor y las pirámides de Cuicuilco y Tenayuca, así como una serie de vestigios de pirámides que han sido encontradas durante las excavaciones del Metro o durante la restauración de algunos edificios del Centro Histórico. En algunos de los antiguos poblados del Valle de México —como Xochimilco o Iztapalapa— aún se conservan vestigios de la traza urbana prehispánica.

De la ciudad colonial se ha preservado gran parte de la traza dentro del Perímetro A del Centro Histórico y en los caminos que la unían con los poblados

GRÁFICA 22a. *Distribución de usos del suelo.* ZMCM, *superficie total: 1 250 kilómetros cuadrados*

GRÁFICA 22b. *Distribución de usos del suelo. Distrito Federal, superficie total: 634 kilómetros cuadrados*

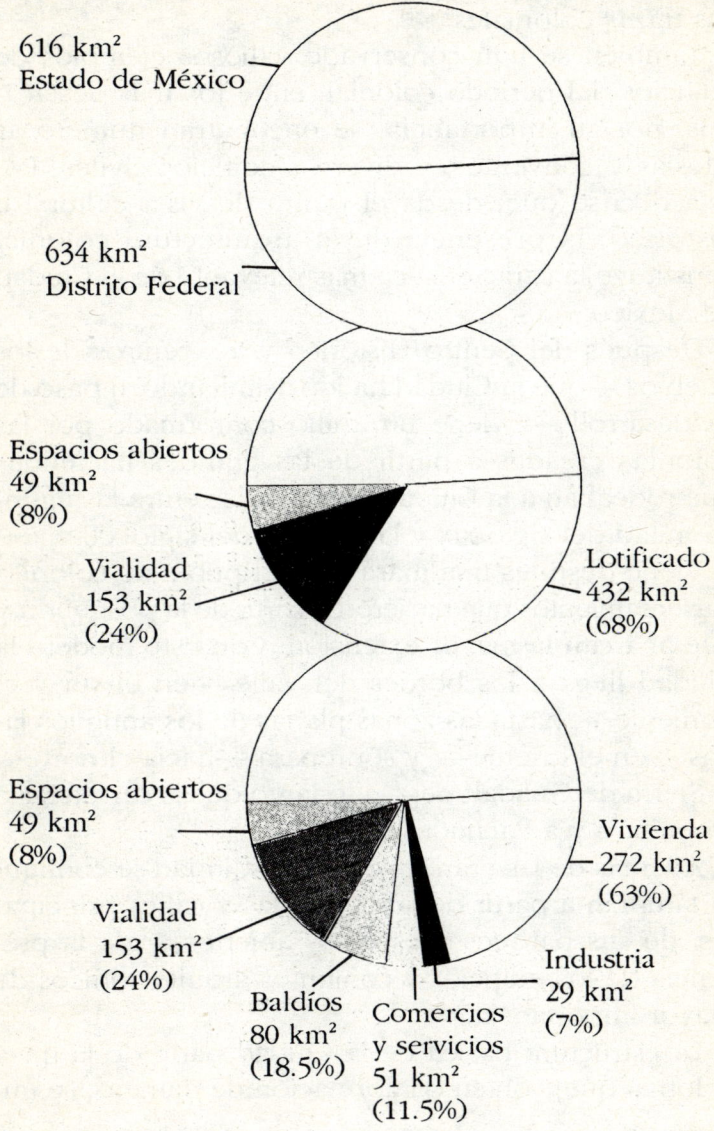

localizados en el mismo Valle —Azcapotzalco, Tacuba, San Ángel, Coyoacán, Culhuacán o Xochimilco. La mayoría de estos pueblos ha salvaguardado parte de sus trazas coloniales.

También se han conservado valiosos ejemplos de edificios del periodo colonial: entre los más destacados, por su importancia, se encuentran numerosas iglesias y conventos, y diversos edificios civiles. Podría decirse que, desde el punto de vista cultural e histórico, la presencia de la arquitectura colonial constituye la característica más relevante de la Ciudad de México.

Después del Centro Histórico y los centros de los pueblos —que la Ciudad ha ido asimilando al paso de su desarrollo— viene un anillo conformado por las colonias creadas a partir de las grandes haciendas que rodeaban a la Ciudad, concebidas entre la segunda mitad del siglo XIX y la primera del siglo XX.

Viene después una masa indescriptible de colonias y asentamientos que nacieron a partir de la posguerra y que abarcan la mayor extensión. Con este modelo la Ciudad llega a los bordes del Valle —en el sur y el poniente—, hasta las zonas planas de los antiguos lagos —en el oriente—, y sobrepasa —hacia el norte— la Sierra de Guadalupe —a lo largo de las carreteras a Querétaro y a Pachuca.

Además de las grandes zonas, la Ciudad se configura también a partir de sus avenidas y calles principales, de sus parques y espacios abiertos, y de la presencia de los edificios y conjuntos arquitectónicos de mayor importancia.

La estructura básica de la Ciudad parte de la traza colonial que, con su conformación de damero, se impuso sobre la traza prehispánica.[3] Posteriormente su ampliación se fue dando sobre las calzadas que la comunicaban con los otros poblados del Valle. En 1864 se proyectó el Paseo de la Reforma para unir la Ciudad con el Bosque de Chapultepec. Más adelante se construyeron la Avenida Chapultepec, la 20 de Noviembre, el Viaducto, el Anillo Periférico, los ejes viales, y la prolongación del Paseo de la Reforma.

La Ciudad fue creciendo también a lo largo de las carreteras que la comunican con otras ciudades —principalmente con Querétaro, Pachuca, Puebla, Cuernavaca y Toluca—, con la consiguiente necesidad de ir ampliando sus secciones e ir resolviendo sus cruces con otras vías (véase la gráfica 23).

Los grandes espacios y monumentos que realzan la fisonomía de la Ciudad son, en el Centro Histórico: el Palacio Nacional, la Catedral, las principales iglesias, conventos, el Palacio de Bellas Artes, y la Torre Latinoamericana; también sobresalen los grandes edificios localizados a lo largo del Paseo de la Reforma, y algunos otros edificios altos de la Ciudad.

Los grandes elementos de equipamiento de la Ciudad son el Bosque de Chapultepec —en sus tres secciones—, el actual Aeropuerto Internacional de la Ciudad de México, la Ciudad Universitaria, el Lago de Texcoco, el Bosque de Aragón, la Villa de Guadalupe, la zona de museos alrededor del Museo de Antropología e Historia, y ahora Xochimilco y los nuevos parques del Ajusco, del Cerro de la Estrella y de la Sierra de Guadalupe.

---

[3] Después de la Conquista, la Ciudad de México se traza de acuerdo con las fórmulas y reglas contenidas en la Cédula Real de Felipe II que orienta el trazado en forma ortogonal con claridad en su orientación y en la posición de los principales edificios.

La Ciudad y su medio físico

La altitud de la Ciudad dificulta la combustión y vuelve muy costoso el abastecimiento de agua desde cuencas que están 1 000 metros más abajo; su condición de valle cerrado obstaculiza la dispersión de los contaminantes e impide el drenaje natural que se suple con costosas obras de infraestructura.

La gradual elevación del consumo de agua de la Ciudad condujo a la sobreexplotación de los mantos acuíferos del Valle provocando hundimientos y alteraciones en el subsuelo, afectando tanto edificaciones como infraestructura, e incrementando la vulnerabilidad ante los sismos.

En relación al drenaje, además de la condición cerrada de la Cuenca y de la urbanización y modificación de los drenes naturales, la situación se ve agravada debido al régimen pluvial del Valle que concentra, en unas cuantas tormentas, un porcentaje desproporcionadamente alto de la precipitación total del año.

El Valle de México ya no cuenta con terrenos aptos para nuevos desarrollos: Las zonas del sur del Distrito Federal son terrenos montañosos y forestados, las zonas del Ajusco son vitales para la recarga de los mantos acuíferos, y en Xochimilco se encuentran los últimos vestigios de la cultura, de la economía y del paisaje prehispánico. Hacia el poniente el terreno está conformado por barrancas forestadas en su mayoría, difíciles de urbanizar y de comunicar adecuadamente; además de que su urbanización distorsionaría los patrones de drenaje y captación de agua. En el oriente del Valle se presentan terrenos planos, pero de muy

GRÁFICA 23. *Expansión de la Ciudad de México*

■ 1521
■ 1810
■ 1910
■ 1940
■ 1990
⌒ Principales vialidades

baja capacidad de carga y en muchos casos fácilmente inundables, además de que, como se ha dicho, esta es la zona más rezagada desde el punto de vista de infraestructura. Y para terminar, en el norponiente y el nororiente —territorio del Estado de México— se encuentran los terrenos más aptos para la urbanización, pero aun éstos representan dificultades por la pérdida de suelo agrícola, la lejanía, y la falta de infraestructura de transporte masivo —su comunicación se reduce a las carreteras de Querétaro y Pachuca.

La región centro del país

Es indudable que México se encamina ya hacia un desarrollo regional más balanceado. Aunque no debe soslayarse la existencia de la enorme concentración en la región centro del país, donde además de los 15 millones de habitantes del área metropolitana habitan otros 11 millones —en un complejo sistema de ciudades y poblados integrados al desarrollo económico de la gran Ciudad de la que, debido a la cercanía, derivan su crecimiento (véase las gráficas 24-25).

No puede ignorarse la existencia de este fenómeno sin correr el riesgo de que evolucione hacia patrones de ocupación costosísimos, ineficientes y destructivos del medio ambiente. En este ámbito, la experiencia internacional señala la conveniencia de delimitar la extensión de la ciudad central evitando la indiscriminada conurbación con ciudades cercanas y estructurando al mismo tiempo un modelo regional de ciudades interconectadas entre sí, que respeten y mantengan entre ellas espacios agrícolas productivos y grandes parques.

Administración y estructura política

Poco puede avanzarse si se carece de una estructura adecuada de gobierno. La planeación y administración de las grandes ciudades son un complejo tema en constante evolución. La experiencia de otros países muestra un continuo proceso de ajuste en las estructuras y mecanismos de gobierno.

La Ciudad de México no fue ajena a estos cambios. Su gobierno se volvió más y más complejo en la medida en que la Ciudad fue creciendo. Se diseñaron nuevas instituciones y formas de trabajo para atender nuevos problemas. Ante este fenómeno urbano —sin precedentes— en el futuro deberá mejorarse aún más la capacidad de planeación y administración. La Ciudad de México aglutina en su territorio desde zonas centrales en decadencia industrial, propias de muchas ciudades del mundo desarrollado, hasta una periferia en rápida expansión, característica de países que aún mantienen altas tasas de crecimiento demográfico y migración campo-ciudad.

La producción de vivienda, el mejoramiento del medio ambiente o la mayor eficacia en la dotación de servicios no eran ni serán posibles sino a través de la continua transformación de las estructuras de gobierno.

En la Zona Metropolitana concurren jurisdicciones político-administrativas del Distrito Federal y del Estado de México, 16 delegaciones capitalinas y 17 municipios mexiquenses; además, en su entorno rural inmediato concurren además 40 municipios del Estado de México. Esta situación engendra una compleja problemática en las tareas de coordinación entre gobiernos, así como en el establecimiento de enfoques unitarios y coherentes.

Gráfica 24. *Región Centro*

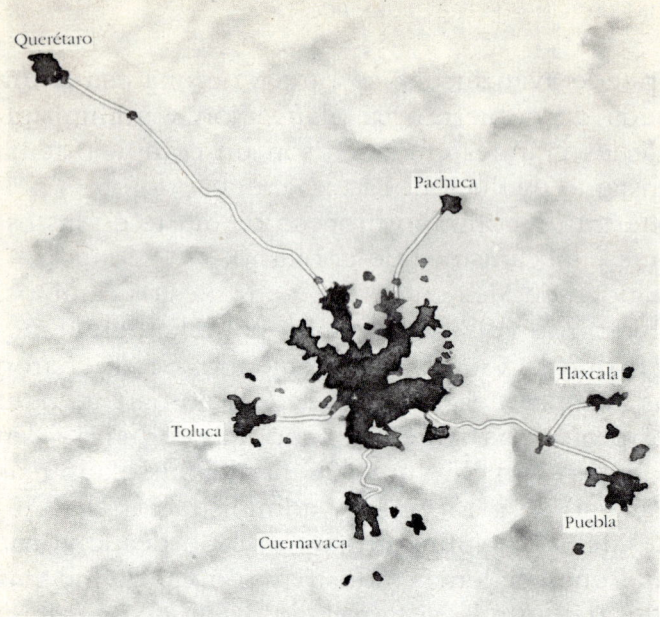

Gráfica 25. *Zona Metropolitana de la Ciudad de México*

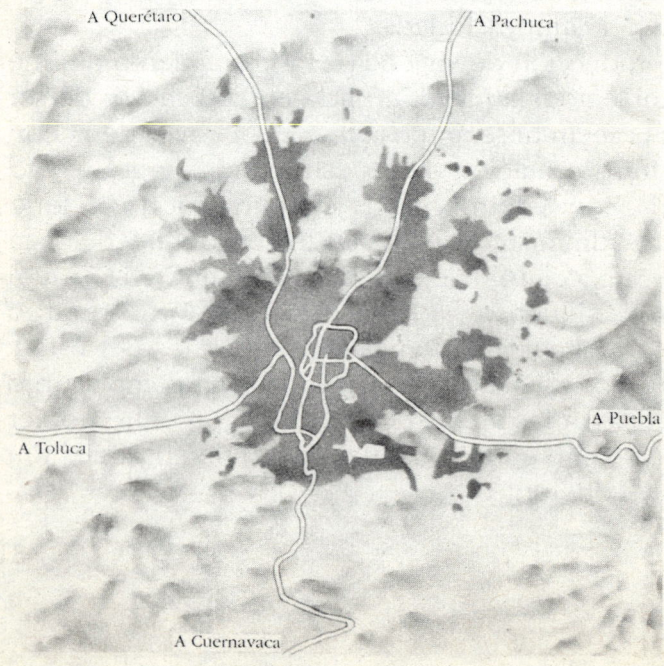

Región Centro y Zona Metropolitana de la Ciudad de México

Entidades

Distrito Federal	Tlaxcala
Estado de México	Hidalgo
Morelos	Querétaro
Puebla	

Población Región Centro

Año	Población	Año	Población
1900	3 587 144	1950	7 759 924
1910	4 275 842	1960	10 825 300
1920	3 940 047	1970	15 934 411
1930	4 570 469	1980	23 528 963
1940	5 621 513	1990	31 916 555

Población Zona Metropolitana de la Ciudad de México

Año	Población	Año	Población
1900	368 698	1950	3 170 193
1910	471 066	1960	4 870 848
1920	906 603	1970	6 874 165
1930	1 230 000	1980	8 831 079
1940	1 760 000	1990	14 582 678

Distrito Federal

Delegación política	Población, 1990	Delegación política	Población, 1990
Álvaro Obregón	642 753	Iztapalapa	1 490 499
Azcapotzalco	474 688	Magdalena Contreras	195 041
Benito Juárez	407 811	Miguel Hidalgo	406 868
Coyoacán	640 066	Milpa Alta	63 654
Cuajimalpa de Morelos	119 669	Tláhuac	206 700
Cuauhtémoc	595 960	Tlalpan	484 866
Gustavo A. Madero	1 268 068	Venustiano Carranza	519 628
Iztacalco	448 322	Xochimilco	271 151
		Total	8 235 744

Estado de México

Municipios conurbados	Población, 1990	Municipios conurbados	Población, 1990
Atizapán de Zaragoza	315 192	Ixtapaluca	137 357
Coacalco	152 082	Naucalpan	786 551
Cuautitlán	48 858	Nezahualcóyotl	1 256 115
Cuautitlán Izcalli	326 750	Nicolás Romero	184 134
Chalco	282 940	Los Reyes-La paz	134 782
Chicoloapan	57 306	Tecamac	123 218
Chimalhuacán	242 317	Tlalnepantla	702 807
Ecatepec	1 218 135	Tultitlán	246 464
Huixquilucan	131 926	Total	6 346 934

De nada sirve modernizar las estructuras burocráticas y administrativas si no se propicia el avance correspondiente en las estructuras políticas. La comunidad de la Ciudad de México demostró, en estos años de dificultades, una gran madurez política que reclamaba mayor participación en las decisiones que la afectan. Como resultado, la Asamblea de Representantes en el Distrito Federal y el Congreso del Estado de México participan cada vez más en materias de interés para los habitantes.

A pesar de que la Ciudad concentra grandes inversiones en infraestructura, una cuarta parte de la población vive aún sin servicios adecuados y cerca de la mitad se encuentra en situación de pobreza. Hay también grandes contrastes relativos a los ingresos, y distancias correlativas en el bienestar y calidad de vida.

Como resultado de la crisis económica y del ajuste financiero de los ochenta, desmejoró la calidad de los servicios de salud y de educación. Al ser una Ciudad con una gran concentración de empleados resintió el menoscabo en los niveles salariales. Además, la reducción de plazas de la administración y los ajustes registrados en la industria, contribuyeron a crear un problema de transición económica muy complejo.

Estos cambios sociales y económicos generaron tensiones sociales muy fuertes, protesta social y polarización de opiniones y de fuerzas políticas. Tensiones y desajustes que se constataron con claridad en los meses posteriores al sismo de 1985, en las elecciones de 1988, o pueden, en la actualidad, ser advertidas en la vida cotidiana de las delegaciones más grandes —como Iztapalapa— y en las frecuentes protestas públicas.

Las relaciones de convivencia social y política de 15 millones de personas constituyen el gran reto para las tareas de gobierno y para la concordia social. La dimensión social de la Zona Metropolitana está integrada por una amplia diversidad de intereses económicos, políticos y culturales que se polarizan y muchas veces se contraponen.

A la dinámica sociopolítica se suman los intereses y demandas específicas de los sectores productivos de la industria, el comercio, los servicios y la agricultura que se desarrollan y compiten en la Zona Metropolitana y su entorno.

Agua potable y drenaje

El crecimiento poblacional, la industrialización y la gradual elevación de los niveles de consumo condujo a la sobreexplotación de los mantos acuíferos de los valles de México y de Lerma; el incremento de la demanda tuvo que ser satisfecho desde fuentes de suministro lejanas.

A la fecha, la dotación de agua es de 54.5 metros cúbicos por segundo,[4] y existe un déficit de 11 metros cúbicos por segundo.* Las fuentes de suministro corresponden en 66% al Valle de México, 14% al Valle de Lerma, y 20% al Sistema Cutzamala. Como ya se mencionó, la sobreexplotación de los mantos acuíferos ha provocado hundimientos y alteraciones en la estructura del subsuelo que afecta edificaciones e infraestructura e incrementan la vulnerabilidad de la Ciudad ante efectos de sismos; además, la calidad del agua se

---

[4] Dotación para toda la Zona Metropolitana de la Ciudad de México.

* Existe una diferencia de 11 metros cúbicos por segundo entre la cantidad de agua que se extrae del acuífero y la que se recarga, siendo esta última menor, lo que ocasiona que las fuentes de suministro sean sobreexplotadas.

está degradando aceleradamente. Estas razones señalan la inconveniencia de ampliar su explotación, por el contrario, demandan su reducción gradual.

En la Zona Metropolitana operan los sistemas hidráulicos más complejos y amplios del país y, a pesar de los logros alcanzados que permiten que 97% de la población del Distrito Federal y 85% del Estado de México cuenten con tomas domiciliarias, el oriente y suroriente del área metropolitana sufren severas deficiencias de suministro por carecer de redes troncales de distribución. Actualmente existen en el poniente colonias con dotaciones mayores a 600 litros por habitante cada día y en el oriente vastas zonas con apenas 20 litros por habitante cada día —y agua de mala calidad. Para corregir esta situación ambas entidades tienen en proceso los proyectos del Acuaférico Sur y el Macrocircuito, pero sus avances han sido insuficientes debido a limitaciones financieras. Estas limitaciones se derivan, en parte, de que la recaudación por concepto de pago de los servicios se ha mantenido entre 25 y 30% del ingreso potencial, de que las tarifas no alcanzan a cubrir los costos de operación, y de la existencia de un mayor subsidio en el Distrito Federal que dificulta la aplicación de políticas financieras unitarias.

En cuestión de drenaje la Zona Metropolitana enfrenta su propia geografía por encontrarse asentada en una cuenca cerrada, con el agravante provocado por el hundimiento del terreno. En estas circunstancias los principales problemas se originan por la carencia de un sistema de drenaje natural y porque las obras de infraestructura existentes se deterioran en forma progresiva. Además, la urbanización ha invadido y modificado los drenes naturales provocando su limitación en la capacidad de conducción e inundaciones en época de lluvias.

Los problemas anteriores se complican aún más debido al régimen pluvial en el Valle de México, que exige una infraestructura de gran capacidad para manejar los escurrimientos generados —como lo son las plantas de bombeo en los vasos reguladores y el Sistema de Drenaje Profundo en el Distrito Federal. En el Estado de México no existe la infraestructura necesaria para impedir las inundaciones.

A finales de la década de los ochenta la cobertura del drenaje en el Distrito Federal era de 74%, y en los municipios metropolitanos de 63%; las zonas sin drenaje daban lugar a severas condiciones de insalubridad entre la población no atendida, y constituían una de las fuentes principales de contaminación atmosférica.

La recaudación por concepto del servicio de drenaje en el Distrito Federal era insuficiente, y nula en el Estado de México —a pesar de que la introducción del servicio acarree costos más elevados que los del agua potable. Estas razones propiciaron que las decisiones de inversión en materia de drenaje fueran pospuestas, y la infraestructura troncal —constituida por grandes colectores, ríos y drenajes— no sólo no se conservara sino que vieran gravemente afectadas sus condiciones de funcionamiento.

La extensión, diversidad y dispersión de instalaciones de drenaje en la Zona Metropolitana del Distrito Federal y el Estado de México vuelven muy compleja su operación, en especial durante la época de lluvias. La toma de decisiones se torna difícil puesto que en la operación del Sistema Maestro de Drenaje también interviene la Secretaría de Agricultura y Recursos Hidráulicos —como en el Vaso de Cristo, el Interceptor del Poniente, el Gran Canal del Desagüe, el Dren General del Valle y el Lago de Texcoco.

En estas circunstancias fue necesario dar prioridad a la conservación de los sistemas troncales de drenaje y a los cauces naturales y, al mismo tiempo, tomar importantes decisiones en relación a la expansión del Sistema de Drenaje Profundo y a esquemas que pudieran aprovechar el agua servida dentro de la Cuenca en usos agropecuarios e industriales.

Otro problema lo constituía la ocupación de las barrancas y de los cauces que ocasionó la pérdida de la capacidad de recarga de acuíferos; además, el entubamiento de prácticamente todos los ríos de la Ciudad distorsiona el manejo de los flujos hidráulicos sobre todo durante las grandes tormentas.

Vialidad y transporte

La estructura vial de la Zona Metropolitana es predominantemente radial dado que el crecimiento urbano ha tenido lugar —como ya se dijo— a lo largo de las carreteras federales que la comunican con Querétaro, Cuernavaca, Pachuca, Toluca y Puebla. Conforme la distribución de las actividades industriales, habitacionales y comerciales ha evolucionado, esta estructura radial responde cada vez menos a las necesidades de comunicación, y es necesario lograr su interconexión por medio de vías circulares y transversales.

Por otra parte, las carreteras que confluyen en el Valle de México tampoco están debidamente interconectadas por libramientos; esto ocasiona que un volumen importante de tránsito de paso atraviese la Zona Metropolitana contribuyendo al congestionamiento.

A esta situación se suman los efectos del crecimiento habitacional en zonas cada vez más alejadas del empleo y los servicios, que incrementan el número y distancia de los viajes provocando saturación de la estructura vial. Esta problemática ha empeorado a causa de los desequilibrios en los niveles de infraestructura vial entre el Distrito Federal y el Estado de México. En este último existe aún un importante rezago en la red primaria, que es de sólo 53 kilómetros —comparados con 355 kilómetros en el Distrito Federal. Esta desventaja se refleja en la falta de continuidad de muchas vías primarias hacia el Estado de México, que ocasiona embotellamientos en los límites.

La situación general ha venido corrigiéndose en distintas épocas mediante grandes obras como el Anillo Periférico, el Circuito Interior y los ejes viales —en el Distrito Federal—; y el libramiento Naucalpan-Cuajimalpa y las avenidas López Mateos y López Portillo —en el Estado de México. Sin embargo persiste la necesidad de realizar costosas inversiones en infraestructura vial troncal, concebida en forma integral y vinculada al ordenamiento de las funciones metropolitanas y a los sistemas de transporte colectivo.

En la Zona Metropolitana se realizan 36.9 millones de viajes-persona-día, de los cuales el transporte colectivo atiende a 72%, y los vehículos particulares a 28% —más de 60% de estos viajes son por motivos de trabajo.

El transporte público de ambas entidades enfrenta una falta de integración entre los sistemas de operación y tarifas, además de que no existe un criterio uniforme en cuanto a leyes y reglamentos. Esta diferencia obliga a que las transferencias se efectúen en los límites políticos y no donde conviene. Adicionalmente, dicha operación se ve limitada por el desequilibrio en la inversión —16 veces más alta en el Distrito Federal—, y por la insuficiencia e incapacidad del Metro y los autobuses —que está siendo cubierta por un desordenado sistema de microbuses. Se estima que para el año 2000 habrá una demanda de transporte de 44.5 millones de viajes-persona-día.

Desechos sólidos

En la Zona Metropolitana se producen diariamente más de 19 000 toneladas de desechos sólidos, a razón de 1.2 kilogramos por habitante cada día. La cobertura de la recolección alcanza 80%; el 20% restante se deposita en tiraderos clandestinos a cielo abierto con un impacto ambiental negativo. La necesidad de un enfoque metropolitano de cara al problema de los desechos sólidos exige una reglamentación que regule su tratamiento y disposición final, ya que actualmente existe una gran diferencia —en ambas fases— entre el Distrito Federal y los municipios conurbados. En el Distrito Federal se han cerrado la mayoría de los tiraderos a cielo abierto: una gran proporción de los desechos se reciben en los rellenos sanitarios. En los municipios metropolitanos todavía no se hacen rellenos para la recolección y disposición final de los desechos, y la operación del sistema se complica porque corre a cargo de las distintas autoridades municipales.

Calidad del aire

En la Zona Metropolitana coexisten más de 30 000 establecimientos industriales, 12 000 de servicios,[5] y 3 millones 300 mil vehículos automotores. Sus emisiones contaminantes han causado un severo impacto en la calidad del aire de esta zona, poco propicia para asimilarlas.[6]

De la combustión proveniente de establecimientos y vehículos se derivan los peores contaminantes: bióxido de azufre, óxido de nitrógeno, hidrocarburos, monóxido de carbono, partículas y ozono.

El 82% —4 043 173 toneladas por año— de las emisiones de contaminantes en la Zona Metropolitana proviene de vehículos automotores. De este volumen 86.3% corresponde a automóviles particulares, 8.9% a camiones de carga, 3.9% a taxis, y 0.9% a camiones de pasajeros. Del total de vehículos, 60.5% corresponden al Distrito Federal, 15.2% a los municipios metropolitanos, y el restante 24.3% a vehículos de ciudades aledañas.

El 13% —622 500 toneladas por año— de las emisiones son provocadas por los giros industriales, comerciales y de servicios. Se han identificado 500 instalaciones: 56% en el Distrito Federal y 44% en el Estado de México que aportan 4% del total de contaminantes —entre ellas destacan las dos termoeléctricas y la Refinería Petrolera 18 de Marzo.

El restante 5% —251 000 toneladas por año— lo producen las fuentes naturales: las tolvaneras y el fe-

---

[5] Los servicios incluyen: baños públicos, tintorerías, lavanderías, hoteles, centros deportivos, molinos y tortillerías, y panaderías.

[6] En la ZMCM se consumen 42.3 millones de litros diarios de combustibles.

calismo al aire libre en forma de partículas suspendidas en el aire.

Para reducir la magnitud del problema y mitigar sus consecuencias, empezaron a aplicarse una serie de medidas orientadas a controlar las fuentes de emisión más significativas. Tanto el Decreto de las 21 Medidas, emitido el 14 de febrero de 1986, como el Programa de las 100 Acciones Necesarias de Ecología observan como prioridad máxima la optimización de la combustión: se cambió el combustible en la termoeléctrica del Valle de México, y se produjeron combustibles con menor contenido de azufre para consumo industrial y comercial en la Zona Metropolitana, y también se celebraron convenios con los principales giros industriales para mejorar sus procesos productivos.

Un paso importante fue el inicio de la reubicación de empresas contaminantes como la Cementera Tolteca y la Papelera Loreto y Peña Pobre; otras han sido obligadas a suspender sus actividades ante la imposibilidad de reducir sus emisiones.

Por su importancia en la reducción en los niveles de hidrocarburos destacan las medidas adoptadas por Pemex, que comenzó a utilizar la mejor tecnología disponible para reducir emisiones. Asimismo, se trabaja para incrementar la oferta de gasolina sin plomo, indispensable en los vehículos producidos a partir de 1989 y que cuentan con convertidor catalítico.[7]

Finalmente, la Ley General del Equilibrio Ecológico y la Protección al Ambiente, en vigor a partir del 1 de marzo de 1988, sienta las bases jurídicas de la norma-

---

[7] El convertidor catalítico es un dispositivo que convierte químicamente los gases contaminantes que salen del escape, producidos por la combustión interna del motor, en bióxido de carbono, vapor de agua y nitrógeno.

tividad para el control y vigilancia de las emisiones contaminantes.

SEGURIDAD

En los últimos años, el problema de la seguridad ha sido percibido por los habitantes de la Zona Metropolitana como uno de los más importantes, y se ha manifestado en varios niveles que van desde delitos patrimoniales contra comercios, industrias, bancos, casas particulares y personas físicas, hasta robos de vehículos y autopartes. Existe también intranquilidad por el incremento de la violencia en general, y preocupación por la integridad física de la población. La creciente proporción de dichas transgresiones señala la necesidad de una operación que refuerce la seguridad de la población.

El problema se agrava en una ciudad que, por su tamaño, ha perdido los sentimientos de comunidad —que tanta seguridad brindan en localidades más pequeñas. En la gran Ciudad la ausencia de estos lazos provoca un abismo entre autoridades y ciudadanos que resulta en un clima que conduce a la soledad y al aislamiento.

Otro análisis y distinto tratamiento corresponden al crimen organizado. México pudo mantenerse durante varias décadas al margen de la creciente violencia mundial producto de la incomprensión, el terrorismo y el tráfico ilegal de armamentos y narcóticos. Desafortunadamente en los últimos años las evidencias indican que la actividad de redes criminales organizadas ha aumentado. Este tipo de criminalidad contamina a la sociedad e inicia procesos de descomposición social.

La Ciudad: ¿Paradigma del desastre urbano?

El reto que enfrentaba la Ciudad de México a finales de la década de los ochenta consistía en administrar con eficiencia, justicia y democracia una ciudad que, por su tamaño y complejidad, nunca antes se había experimentado: la Ciudad de México es —demográficamente hablando— mayor que 165 países de los 209 que conforman el planeta. Es decir, una ciudad con más población que 80% de los países existentes.

Una ciudad que, en la opinión de sus habitantes y en la percepción de la opinión pública mundial, carecía de futuro y necesitaba con urgencia frenar y modificar las tendencias adversas de su economía, su ecología, y de la polarización de su vida social. Una Ciudad que había llegado a convertirse en el paradigma del desastre urbano.

De continuar estas tendencias —en unas cuantas décadas— la Ciudad sería imposible de administrar, con tensiones políticas inmanejables donde la polarización entre sectores sociales, el colapso de muchos servicios y la ingobernabilidad de amplias zonas pudieran llegar a ser frecuentes.

III. LOS OBJETIVOS DE LA ADMINISTRACIÓN, 1988-1994

COMO se ha analizado en el capítulo precedente, a finales de la década de los ochenta la Ciudad de México atravesaba por una situación sumamente compleja. Durante la crisis económica la calidad de vida de todos los sectores sociales había disminuido, y las condiciones generales de la Ciudad se mostraban peores que una o dos décadas antes.

Las tendencias negativas parecían no tener salida. Las cuestiones más sobresalientes eran: ¿por dónde empezar para recobrar la confianza y el orgullo de vivir en la Ciudad de México? ¿Cómo actuar con serenidad, eficacia, sensibilidad social y decisión para garantizar la supervivencia de la Ciudad?

La Ciudad se encontraba ante un parteaguas. De lo poco o mucho que en estos años pudiera lograrse en beneficio de la urbe, dependería irremediablemente el destino de las generaciones futuras. Se enfrentaba la responsabilidad histórica de devolverle al Valle de México la capacidad de ser el soporte geográfico de una ciudad viable, que continuara siendo orgullo de los mexicanos.

En términos demográficos, aunque la Ciudad vio descender —entre 1980 y 1990— su tasa de crecimiento, el crecimiento absoluto seguía siendo muy importante: la estructura de edades, los procesos de migración interna y de reestructuración de las actividades urbanas, imponían fuerte presión sobre los mercados de vivienda y empleo, e impulsaban la ampliación de la mancha urbana.

En términos económicos y financieros, la Ciudad atravesaba por un periodo de reestructuración que se ha seguido acelerando. Mientras el gobierno y la industria manufacturera reducían sus derramas económicas, se observaba un potencial desarrollo del sector servicios y de la inversión inmobiliaria. Se contemplaba, al mismo tiempo, la urgencia impostergable de equilibrar las finanzas públicas y de lograr un balance equitativo con el resto del país.

En términos ambientales el Valle de México, antaño tan generoso con la Ciudad, presentaba serias limitaciones para sustentarla: la incapacidad del aire para absorber y dispersar las emisiones de vehículos e industria, la imposibilidad de los mantos acuíferos para recargarse a un ritmo superior al de la extracción de agua y la escasez de suelo apto para el desarrollo urbano. Todo esto denotaba una contradicción fundamental: la necesidad de una expansión dentro de un valle con severas limitaciones. De la manera como se abordara dicha contradicción, que no podía ni puede ser resuelta en términos estructurales, dependía el futuro de la Ciudad.

El primer paso para poder tomar —con claridad y a partir de los mejores diagnósticos— las decisiones que irían modificando las tendencias negativas, consistió en buscar un acercamiento con la población para disminuir las tensiones y en realizar programas de interés general que convocaran la participación concreta de toda la sociedad.

Cambio en la estrategia económica

Como parte de la corrección global de la economía mexicana se puso en marcha una estrategia para lograr una ciudad más competitiva, tanto en el ámbito nacional como en el internacional, además de permitirle contar con unas finanzas públicas sanas —que no dependieran ya del subsidio federal, y que posibilitaran la ampliación de la costosa e indispensable infraestructura.

Se pensó promover inversiones para modernizar la industria existente, con miras a volverla competitiva y a asegurar el cumplimiento de sus responsabilidades ambientales. Además de las nuevas inversiones en industrias no contaminantes ni consumidoras de agua, se decidió también fomentar inversiones en el sector servicios con el propósito de generar empleos y aumentar la base fiscal, y aprovechar las ventajas de la Ciudad en cuanto a sus recursos humanos y su infraestructura.

Combate a la pobreza extrema

La reducción de la pobreza es un problema muy complejo que depende de la distribución de la riqueza, de los ingresos, de la educación y de la productividad general de la economía; cuentan también los modelos geográficos de ubicación de la población en zonas o regiones con mejor o peor infraestructura y calidad de servicios.

Es función básica de cualquier gobierno reducir las desigualdades; sin embargo, en la Ciudad de México se requería un impulso mayor que fuera persistente y deliberado. Este propósito se orientó a acelerar la atención al oriente de la Ciudad y a las colonias de menores ingresos, y se complementó con un tenaz empeño en la generación de nuevos empleos, aunado a un programa de solidaridad que regulariza la tenencia de la tierra, eleva rápidamente los niveles de atención en agua potable y drenaje, aumenta los servicios sociales, y mejora el transporte público.

Finalmente, para disminuir los impactos sociales desfavorables de los ajustes de la economía, se mantuvieron los subsidios a la alimentación, la educación, la salud y el transporte —para los sectores de menores ingresos.

Preservación del medio ambiente

Como ya se ha comentado ampliamente la Ciudad de México presenta una severa problemática ambiental que se deriva de la incapacidad del Valle para contener una Ciudad con patrones de consumo de agua, energía y suelo, como los que han prevalecido históricamente.

Dado que no pueden modificarse las condiciones físicas y geográficas, entonces el objetivo debía necesariamente orientarse a los patrones de consumo y organización de la sociedad, y a la relación que éstos guardan con la Ciudad y con el medio natural.

No puede ampliarse el volumen de los mantos acuíferos que abastecen la mayor parte del agua que consume la Ciudad, ni incrementarse la capacidad de la atmósfera para absorber cada vez más contaminantes, ni mejorarse la ventilación del Valle, ni evitar la altitud, ni contar tampoco con nuevos terrenos para la extensión de la mancha urbana.

Sólo puede preservarse el medio ambiente a través de modificaciones a los hábitos de consumo, de una política fiscal y económica que limite el dispendio de los recursos naturales, de inversiones destinadas a infraestructura y tecnología que disminuyan impactos o racionalicen procesos, de patrones más eficientes de organización de la Ciudad, y de la recuperación de recursos que se habían perdido o estaban en vías de perderse.

La estrategia integral consta de un programa contra la contaminación atmosférica, de un cambio radical en la política de agua, del reforzamiento de la política de reordenación de la Ciudad, y de un mejor manejo y disposición de los desechos sólidos.

Humanización de la Ciudad

Toda gran ciudad representa desventajas para sus habitantes: altos costos de vida, congestión, contaminación, e inseguridad. Pero también ofrece ventajas para todos los sectores sociales y todas las edades: oportunidades de educación, empleo, salud, actividades culturales y de recreación.

La crisis económica, la exacerbación de las peores tendencias y fenómenos como los sismos de 1985 mermaron dichas ventajas y afectaron el estado anímico de la población. Muchos edificios de gran valor, zonas enteras como el Centro Histórico o Xochimilco estaban sujetos a procesos de agudo deterioro. Las actividades culturales, recreativas y deportivas disminuían en intensidad y calidad. El espacio urbano: calles, plazas, banquetas, mobiliario y vegetación se estropeaban en forma acelerada.

Ante este proceso desmoralizador se concibió un objetivo claro: promover las virtudes y privilegios de la Ciudad de México a través de más oportunidades de cultura y recreación, y del rescate de los espacios urbanos y los edificios que habían sido sus símbolos.

Dicho objetivo debía respetar las opiniones, las creencias y los valores plurales de los habitantes de la Ciudad, pero también debía establecer causas comunes que despertaran entusiasmo.

Con este fin nació la voluntad de reabrir gran número de espacios públicos de la Ciudad que estaban cerrados y olvidados: plazas de toros, teatros y parques. Se promovieron a la vez nuevas actividades culturales que permiten gozar de lo mejor en teatro, danza y música.

Las decisiones más importantes fueron iniciar la recuperación del Centro Histórico —patrimonio cultural de la humanidad—, y rescatar los canales y jardines de Xochimilco —último vestigio de la cultura hidrológica prehispánica del Valle de México.

Gobierno y derechos humanos

Con la crisis económica también se acentuaron las tensiones sociales y, a raíz de los sismos de 1985, se aceleraron las tendencias que demandaban mayor participación de la sociedad, y surgieron nuevos actores sociales y políticos —algunos con fuerte presencia. Las elecciones de 1988 reflejaron un alto grado de inconformidad y polarización política en la Ciudad.

Para la conducción de la Ciudad en estos años era indispensable mantener abiertos los canales de comunicación con todas las organizaciones sociales y políticas, y garantizar plenamente las libertades. La solución de los problemas de la Ciudad demandaba sumar fuerzas y alcanzar consensos. Uno de los cauces más importantes para la superación de los conflictos lo constituyó el trabajo con la Asamblea de Representantes y con todos los partidos políticos.

Por último, se tomó la decisión de observar un irrestricto respeto a los derechos humanos en la Ciudad, y fortalecer las instituciones y el marco jurídico apropiados para cumplir este fin.

Transporte

Ante la magnitud de los movimientos y de las necesidades previsibles por el crecimiento de la población y de la actividad económica, se elaboró un Programa Integral de Transporte —vigente en la actualidad— para evitar su deterioro y colapso, elevar la calidad de los servicios existentes y cubrir las zonas de menores ingresos. Este programa debe, a la vez, privilegiar el transporte colectivo sobre el individual, apoyar la lucha contra la contaminación, e impulsar la ordenación urbana.

El Programa de Transporte abarca cinco componentes:

la administración de los sistemas de transporte, el reordenamiento territorial de los modos, la ampliación de los sistemas, el impacto social y el financiamiento.

Para mejorar la calidad del servicio, durante la presente administración la capacidad del transporte colectivo deberá crecer —en términos cuantitativos— 40%, es decir, el doble de la demanda.

De manera específica se imponía detener el deterioro de la empresa estatal de autobuses Ruta 100, que se propuso reconstruir sus 3 500 unidades y dotarlas de motores que cumplieran con las más estrictas normas internacionales de emisiones contaminantes.

Era imprescindible también reiniciar las obras del Metro, revisar su plan maestro con la mira de servir a las zonas de escasos recursos, y buscar el financiamiento y la capacidad de construcción para empezar —entre 1989 y 1994— 60 kilómetros de nuevas líneas.

SEGURIDAD PÚBLICA

La crisis económica y el crecimiento de la Ciudad también provocaron un aumento en los índices de inseguridad. Los asaltos a bancos, robos a casas habitación y de autos atentaban contra el bienestar de la población, y repercutían en su confianza.

La gravedad en los índices de inseguridad requería que se actuara, con gran firmeza, en el combate a la delincuencia y a la impunidad. El empeño de las autoridades se dirigió a lograr una mejor coordinación y organización de los cuerpos encargados de la seguridad pública, así como a sancionar estrictamente cualquier violación a los derechos humanos.

Otro renglón insoslayable lo constituía evitar el crecimiento de las adicciones, particularmente a las drogas duras —la cocaína y la heroína—, y proseguir el esfuerzo por controlar el uso de solventes tóxicos entre la población de más bajos ingresos.

IV. LOS RESULTADOS

El gobierno de la Ciudad empezó a trabajar a partir de los objetivos planteados a principios de la administración. El reto consistía en avanzar en su cumplimiento sin descuidar los problemas cotidianos de la Ciudad.

No resulta fácil atender las cuestiones de todos los días —las normales y las emergentes— y, simultáneamente, ir iniciando y administrando proyectos y programas que permitan revertir las tendencias negativas y ampliar los márgenes futuros de la Ciudad. En muchas ocasiones existen contradicciones entre proyectos positivos para la vida futura de la Ciudad, que son rechazados en el presente.

El gobierno de cualquier gran ciudad tiene suficiente con atender día a día la prestación de los servicios básicos: en nuestra Ciudad es necesario transportar diariamente a 12.3 millones de pasajeros, que en promedio realizan 3 viajes cada uno; deben extraerse, traerse, potabilizarse y distribuirse 8 355 millones de litros de agua; hay que recoger, transportar y enterrar —en rellenos sanitarios— 19 mil toneladas de basura; y debe procurarse la seguridad de 16 millones de personas, de 3 millones de hogares y de 153 000 establecimientos de oficinas, comercios, e industrias. También, con cierta regularidad, es necesario atender las consecuencias de accidentes graves, incendios, deslaves e inundaciones, y estar preparados en casos de sismos, explosiones, o accidentes aéreos. Además, es menester contender cotidianamente con los efectos de distintas manifestaciones de protesta o a veces de júbilo que distorsionan la vida de la Ciudad.

Lo anterior es bastante para mantener ocupada por completo a una administración, pero no basta para proveer de un futuro a la Ciudad. Aparte de las funciones cotidianas resulta imprescindible encontrar el tiempo y el espacio político y financiero para promover, iniciar y conducir transformaciones a largo plazo.

Es común que ciertas necesidades a largo plazo atenten contra intereses presentes. Por ejemplo: es imprescindible controlar el comercio ambulante y reubicar el existente fuera de la vía pública —sobre todo en el Centro Histórico—; sin embargo, a corto plazo la reubicación se contrapone a intereses de los comerciantes y sus familias, de sus líderes, de las organizaciones políticas que los afilian y de quienes distribuyen la mercancía. Es difícil entonces que el gobierno demuestre las ventajas del proyecto, o encuentre los espacios pertinentes para realizar un programa que, a largo plazo, redundará en beneficios para la Ciudad, pero que en el presente sólo causa conflicto y costos económicos, sociales y políticos, además de demandar capacidad administrativa y recursos que normalmente estarían destinados a la operación cotidiana.

Economía y finanzas

Hacia mediados de la década de los ochenta la Ciudad se había acostumbrado al peligroso ciclo de breves periodos de auge financiero, construcción de obra pública y ampliación de servicios, seguidos por etapas de dependencia del subsidio federal, de endeudamiento, y en varias ocasiones de incumplimiento de sus obligaciones financieras —deuda que normalmente absorbía el gobierno federal.

Los ingresos locales se complementaban con las participaciones y transferencias federales; sólo 20% del presupuesto de egresos provenía de algún impuesto, derecho, o contribución local.

En 1988, el año de mayor inflación, el nivel de recaudación del impuesto predial —pilar de las finanzas locales— descendió a un tercio del alcanzado en 1982.

Entre 1983 y 1988 el Distrito Federal recibió un promedio anual de 21% de participación en los impuestos federales asignables que, sumado a las transferencias federales para los organismos del transporte, llegó a representar 63% del total de sus ingresos anuales.

La situación financiera de la Ciudad de México era precaria: bajos recursos, nula capacidad de endeudamiento, y un sistema tributario local que no garantizaba el suficiente flujo de recursos. En diciembre de 1985 la deuda de la entidad ascendía a 8 billones de viejos pesos y en 1986 el gobierno federal tuvo que asumir dicha deuda.

Como parte de las reformas para la distribución más justa del ingreso nacional, a partir de 1990 la fórmula de participaciones en ingresos federales incluye, además de la aportación a la recaudación federal parti-

CUADRO 2. *Evolución del presupuesto 1989-1993. Programas prioritarios*
(Miles de nuevos pesos)

Programas	1989 (ejercido)	1990 (ejercido)	1991 (ejercido)	1992 (ejercido)	1993 (original)
Total	3 636 727.1	5 428 395.0	6 575 265.0	8 228 588.0	9 184 159.2
CO Seguridad pública	751 858.0	837 717.0	1 201 668.0	1 520 121.0	1 588 920.1
CK Promoción de la justicia	226 611.0	301 582.0	444 898.0	563 926.0	659 416.5
3Z Regulación y preservación ecológica	330 917.0	519 418.0	721 810.0	1 048 722.0	1 241 191.0
FA/02 Silvicultura	10 791.1	10 889.0	16 555.0	16 611.0	17 012.4
5M Infraestructura ecológica					183 345.5
5I Edificios para servicios de salud y seguridad social	19 148.0	36 657.0	23 206.0	40 652.0	43 386.7
DJ Atención preventiva	4 928.0	9 465.0	8 349.0	16 038.0	16 452.4
DK Atención curativa	146 862.0	229 482.0	298 569.0	339 946.0	369 696.9
5F Ampliación y mejoramiento de la planta física para educación y capacitación[a]	219 145.0	213 012.0	232 868.0	225 764.0	293 595.3
5E Vivienda	107 091.0	241 410.0	155 217.0	290 865.0	260 134.7
FQ Servicio de transporte urbano e intraurbano	1 252 550.0	1 177 019.0	955 978.0	1 144 783.0	1 266 378.4
EI Transporte Colectivo Metro y Tren Ligero	174 798.0	1 174 093.0	1 598 545.0	2 222 005.0	2 272 916.8
EC Construcción y adecuación para agua potable	118 639.0	212 127.0	193 629.0	268 238.0	251 403.3
ED Drenaje y tratamiento de aguas negras	273 389.0	465 524.0	723 973.0	756 681.0	772 700.2

[a] Para el ejercicio 1992, este programa no se consideró prioritario.

cipable, el porcentaje que —en el total nacional— representa la población del Distrito Federal. Como consecuencia las participaciones federales han descendido a 16% en 1993 y a menos de 14% en 1994. Por otra parte, durante la presente administración el gobierno de la Ciudad ha tenido que responsabilizarse, por primera vez en su historia, del subsidio al transporte y de la inversión total —incluida la construcción del Metro (véase los cuadros 2-8).

Sólo a través de una reforma de las finanzas del Distrito Federal podía conseguirse mantener los niveles de gasto, realizar las importantes inversiones en obra pública que la Ciudad solicita, y ampliar la política social.

La reforma fiscal se realizó a partir de las siguientes condiciones:

1) Efectuar los cambios necesarios para aumentar la recaudación, sobre todo el impuesto predial y de los derechos de agua. Dicha operación a favor del destino de la Ciudad sólo fue posible mediante el convencimiento de la opinión pública y de altos niveles de consenso entre las fuerzas políticas. Se contó con el decisivo apoyo de los representantes populares en la Cámara de Diputados y en la Asamblea de Representantes.

2) Buscar una dirección redistributiva clara cobrando más a quienes más poseen y acrecentando el gasto en favor de las clases populares. En el caso del impuesto predial sólo 10% de las cuentas habitacionales aportan 70% de la recaudación total.

3) Lograr eficiencia y honestidad en el manejo de los recursos a partir de una mejor administración, sobre todo en las áreas que realizan mayores inversiones.

4) Conferir continuidad a la política fiscal para despertar certidumbre en los contribuyentes, facilitar los pagos, y lograr una programación de las principales obras públicas a mediano plazo.

Como resultado de las reformas, de 1989 a 1992, el presupuesto del Departamento del Distrito Federal ha crecido —a precios constantes— 6% como promedio anual. La inversión pública, por su parte, ha crecido a una tasa anual de 16%. Esto significa que han quedado ya establecidas las bases para que los ingresos tributarios constituyan la fuente principal de ingresos de la Ciudad.

Además, el crecimiento de la recaudación en el Distrito Federal ha sido posible porque las inversiones y el empleo se han elevado gracias a los avances en economía nacional. Entre 1988 y 1992 el Producto Interno de la Ciudad de México aumentó 16%. Se han realizado inversiones públicas y privadas por más de 150 mil millones de nuevos pesos, que han producido 290 mil empleos.

En materia de industria, en los últimos años se han abolido restricciones que durante mucho tiempo sometieron a la Ciudad de México respecto a la concesión de crédito preferencial a industriales; se fundó también el Parque Industrial de Alta Tecnología de Iztapalapa que alberga industrias no contaminantes ni consumidoras de agua, localizado en el oriente de la Ciudad, y que cuenta ya con buena infraestructura y abundante mano de obra joven y capacitada.

También, junto con las distintas cámaras industriales y con Nacional Financiera, se han implantado pro-

CUADRO 3. *Ingresos del Departamento del Distrito Federal*[a]
(Millones de pesos o miles de nuevos pesos)

Concepto	1989	1990	1991	1992	1993 (programa)
Total	6 674 020	9 433 946	11 064 647	13 982 230	14 525 916
Sector central	5 091 203	7 697 468	9 562 665	12 251 079	13 059 270
Ingresos ordinarios	5 075 776	7 596 947	9 495 898	11 837 388	12 422 683
Propios	2 266 984	3 684 489	4 676 019	6 337 057	6 637 847
Participaciones	2 808 792	3 912 458	4 819 879	5 500 331	5 784 836
Financiamientos	(3 730)	91 612	53 578	75 595	241 587
Transferencias del gobierno federal	19 157	8 909	13 189	266 477	200 000
Adefas	—	—	—	71 619	195 000
Organismos y empresas	1 582 817	1 736 478	1 501 982	1 731 151	1 476 646
Ingresos propios	718 817	1 123 762	1 204 537	1 662 393	1 472 251
Financiamientos	(2 312)	(5 849)	(1 847)	(6 629)	4 395
Transferencias del gobierno federal	866 963	618 565	299 292	75 387	

[a] Origen de los recursos.

CUADRO 4. *Ingresos del Departamento del Distrito Federal*[a]
(Millones de pesos o miles de nuevos pesos)

Concepto	1989	1990	1991	1992	1993 (programa)
Total	5 075 776	7 956 947	9 495 898	11 837 386	12 422 683
Propios	2 266 984	3 684 489	4 676 019	6 337 057	6 637 847
Impuestos	723 622	1 383 974	2 216 565	2 893 030	3 189 960
Contribuciones de mejoras	1 952	40 917	97 896	154 733	159 991
Derechos	292 711	569 165	778 083	1 105 208	1 468 880
Contribuciones no comprendidas	1 446	2 076	3 150	1 558	1 024
Accesorios	32 887	47 407	84 938	122 973	144 410
Productos	1 167 947	1 441 108	1 375 369	1 858 458	1 537 409
Aprovechamientos	46 419	199 842	120 018	201 097	136 173
Participaciones	2 808 792	3 912 458	4 819 879	5 500 331	5 784 836

[a] Se concentran los ingresos propios y se incluyen impuestos y derechos.

CUADRO 5. *Impuestos del Departamento del Distrito Federal*[a]
(Millones de pesos o miles de nuevos pesos)

Concepto	1989	1990	1991	1992	1993 (programa)
Total	723 622	1 383 974	2 216 565	2 893 030	3 189 960
Predial	130 619	478 452	872 684	1 211 195	1 408 546
Sobre adquisición de inmuebles	192 166	325 448	510 760	551 821	467 498
Sobre espectáculos públicos	26 256	26 700	45 212	63 396	59 811
Sobre loterías, rifas, sorteos y concursos	7 867	13 434	19 403	21 974	27 334
Sustitutivo de estacionamientos	1 310	—	—	—	—
Sobre nóminas	365 404	539 940	768 506	1 018 473	1 134 558
Tenencia local y sobre tenencia y uso de vehículos	—	—	—	26 171	60 963
Sobre adquisición de vehículos automotores usados	—	—	—	—	31 250

[a] Detalle de ingresos por impuestos.

CUADRO 6. *Derechos del Departamento del Distrito Federal*[a]
(Millones de pesos o miles de nuevos pesos)

Concepto	1989	1990	1991	1992	1993 (programa)
Total	292 711	569 165	778 083	1 105 208	1 468 880
Por la prestación de servicios por el uso, suministro y aprovechamiento del agua	70 109	258 781	325 975	471 400	630 736
Por la prestación de servicios del Registro Público de la Propiedad y el Comercio y del Archivo General de Notarías	53 189	54 588	100 332	153 935	179 602
Por los servicios de control vehicular	125 828	181 110	246 478	305 364	371 904
Por el uso o aprovechamiento de bienes del dominio público del Distrito Federal	2 754	8 339	11 247	13 746	47 959
Por cuotas de recuperación por servicios médicos	3 130	3 864	4 900	15 861	19 400

Por la prestación de servicios del Registro Civil	5 433	6 878	8 121	9 867	11 007
Por la explotación de yacimientos pétreos, expedición de licencia y refrendo anual	75	138	349	113	124
Por la expedición de la Placa de Control de Uso y Ocupación de Inmuebles	249	225	326	201	238
Por la prestación de servicios de demolición de inmuebles	133	40	76	90	112
Por la prestación de servicios que correspondan a funciones de derecho público distintos a los señalados en los incisos anteriores	31 811	55 134	80 259	134 631	109 813
Por el uso de vías y áreas públicas para el ejercicio de actividades comerciales	—	68	20	—	—
Por descarga a la red de drenaje	—	—	—	—	38 256
Por servicio a establecimientos por recolección y disposición de basura	—	—	—	—	59 689

[a] Detalle de ingresos por derechos.

CUADRO 7. *Egresos del Departamento del Distrito Federal, 1989-1993*
(Miles de millones de pesos o millones de nuevos pesos)

Año	Gasto corriente		Gasto de inversión		Otros gastos		Total ($)
	$	%	$	%	$	%	
1989	4 273	68.5	1 915	30.7	52	0.8	6 240
1990	5 118	56.5	3 873	42.8	60	0.7	9 051
1991	6 659	60.6	4 252	38.7	79	0.7	10 990
1992	8 421	60.4	5 427	39.0	82	0.6	13 930
1993	8 614	59.3	5 669	39.0	253	1.7	14 536

gramas para agilizar trámites y apoyar con crédito a la pequeña y mediana industria. Entre estos proyectos destaca la ventanilla de trámites que, desde 1989, operan conjuntamente el Departamento del Distrito Federal y la Cámara Nacional de la Industria de la Transformación.

De 1989 a 1993 la construcción de oficinas, comercios, hoteles, restaurantes, escuelas y universidades —todos los usos que conforman el sector servicios—, abarcó un total de 8 millones 366 mil metros cuadrados de construcción, con una inversión de alrededor de 25 mil millones de nuevos pesos.

En relación con el empleo, con estos cambios se ha conseguido que la Ciudad absorba los ajustes de la economía sin llegar a sufrir un desempleo grave, que se refleja en las estadísticas de desempleo abierto: de 3.8% en 1989, 3.7% en 1990, 4.0% en 1991, 4.2% en 1992; comparadas con las del resto del país, que han sido de 4.1, 3.9, 4.1 y 4.3%, respectivamente.

Combate a la pobreza

Como cualquier urbe la Ciudad de México posee zonas con infraestructura y servicios razonables, y otras que carecen de lo más elemental. Existen zonas con buena accesibilidad y amplia cobertura de transporte, y otras a donde es difícil llegar o salir y los medios de transporte son caros, ineficientes y contaminantes. En las primeras la vivienda es de óptima calidad, buen tamaño, materiales duraderos y resistentes, y la propiedad del suelo está perfectamente legalizada; en las segundas las familias no cuentan con la seguridad jurídica respecto a la tenencia de sus hogares, la mayoría edificados con materiales no duraderos, de tamaño y disposición insuficientes en relación con el número y edades de los miembros de la familia, y en las que faltan servicios de agua o drenaje.

Aunque dicho desequilibrio afecta sobre todo a las familias que viven en las zonas más rezagadas, es motivo para erigirse en la preocupación central del gobierno de la Ciudad. Por razones de justicia social debe realizarse un esfuerzo, y porque además, al mejorar el equilibrio social, también se garantiza un mejor funcionamiento y el equilibrio ambiental del Valle. Para alcanzar este fin el gobierno de la Ciudad ha llevado a cabo, a partir de los resultados de la reforma fiscal, una enorme labor: se han efectuado las inversiones más cuantiosas de la historia en las zonas de menores recursos.

Esta labor se ha llevado a cabo en dos ámbitos: el geográfico y el sectorial. En el geográfico el énfasis se ha puesto en el desarrollo de programas y proyectos en las zonas más atrasadas de la Ciudad. En el sectorial se han desarrollado programas en materia de salud, educación, alimentación, recreación y cultura para las familias o los grupos que, como los niños, se encuentran en una situación más débil respecto al resto de la sociedad.

La manera más clara para entender la política geográfica de atención a las zonas de menores ingresos consiste en evaluar qué zonas pagan los impuestos y derechos más altos, y a dónde se destinan estos recursos: en el transcurso de la presente administración la inversión *per capita* ha sido considerablemente más alta en las zonas de menores ingresos que en las de ingresos altos y medios.

De 1989 a 1993 la inversión anual promedio en las

delegaciones de Iztapalapa, Milpa Alta, Tláhuac y Xochimilco fue de 3 mil 874 nuevos pesos *per capita*, mientras que en las delegaciones Miguel Hidalgo, Cuajimalpa, Álvaro Obregón y la Magdalena Contreras fue de 2 mil 200 nuevos pesos por habitante.

Esta política se ha ido acentuando año con año: en 1989 la inversión *per capita* en la Miguel Hidalgo fue de 158.6 nuevos pesos, mientras que en Iztapalapa fue de 223.8 —41% más en la delegación de menores ingresos—; en 1992 la inversión en la Miguel Hidalgo fue de 338.2 nuevos pesos y en Iztapalapa de 1 197.8 —250% más en favor de la última.

Dicha inversión se ha concretado en obras y programas de gran relevancia: La línea "A" del Metro —terminada en la presente administración—, la línea 8 —programada para entrar en operación en 1994—, y la línea 10 —actualmente en proyecto— están diseñadas para transportar a los habitantes de menores ingresos a las zonas de la Ciudad donde se ubican sus empleos y sus servicios de educación, salud, abasto o recreación.

La línea "A" —con 17 kilómetros— comunica el norte de la delegación Iztapalapa y los municipios metropolitanos —Nezahualcóyotl, Chimalhuacán y Chalco— con la estación Pantitlán, desde donde se tiene acceso a toda la red del Metro; es la primera línea que penetra en territorio del Estado de México; la línea 8 —con 20 kilómetros de recorrido— comunicará toda la delegación Iztapalapa con las zonas centrales de la Ciudad y descongestionará la línea 2, que corre sobre la Calzada de Tlalpan y es actualmente la más saturada del sistema.

La línea 10 —con una longitud de 20 kilómetros— está siendo proyectada para vincular el municipio de

Ecatepec —una de las áreas más densamente pobladas de la Zona Metropolitana— con las zonas centrales de la Ciudad. Estas líneas no están previstas para atraer nuevos usuarios, sino para transportar —en forma más eficiente y menos contaminante— a los millones de usuarios que hoy día destinan gran parte de su ingreso y de su tiempo a circular en microbuses.

El Anillo Periférico ha sido completado al oriente de la Ciudad con un recorrido de 13 kilómetros que va desde Cuemanco —en Xochimilco— hasta entroncar con la Calzada Ignacio Zaragoza. Entre 1993 y 1994 el Anillo se estará prolongando —26.5 kilómetros— en territorio del Estado de México hasta llegar a la carretera a Querétaro. Además, dentro de la delegación Iztapalapa, la Calzada Ignacio Zaragoza ha sido convertida en vía rápida, y en las delegaciones del oriente de la Ciudad también se han construido 100 kilómetros de ejes viales.

Con el fin de prevenir inundaciones y mejorar las condiciones sanitarias, en estos años se han añadido 21 kilómetros de drenaje profundo, de los cuales 17 se localizan en la zona oriente, y otros 4 se le sumarán en los meses restantes de la administración.

También se han construido 6.8 kilómetros de drenaje semiprofundo y 245 hectáreas de lagunas de regulación que, comparadas con las 175 existentes en 1988, representan un aumento de 140%. Con estas obras el nivel del drenaje cubre ya 90% de la población —una reducción de 60% del déficit en 1988.

Se ha continuado con la construcción del Acueducto Perimetral que permitirá llevar agua potable del Sistema Cutzamala a las zonas altas de Tlalpan, a las delegaciones Xochimilco, Gustavo A. Madero, Álvaro Obregón, Magdalena Contreras, Coyoacán,

Milpa Alta, Tláhuac e Iztapalapa y a los municipios metropolitanos de Nezahualcóyotl y Los Reyes-La Paz. El Acueducto Perimetral tendrá una longitud de 43 kilómetros; hasta 1988 se habían terminado 10, de 1989 a la fecha se han agregado 15.8 y para finales de la administración se concluirán 5 más. Además, se han construido 1 591 kilómetros de redes secundarias, todas en zonas de bajos recursos: la cobertura en el abasto de agua potable a domicilio ha alcanzado 98% —sólo a 2% de la población se le abastece mediante carros-cisterna y tanques portátiles.

La pavimentación también ha favorecido a las delegaciones del oriente; se han asfaltado 5 millones de metros cuadrados —645 kilómetros de calles— que evitan tolvaneras e inundaciones y mejoran la accesibilidad.

En el renglón de escuelas se han edificado 135 primarias —en las delegaciones Coyoacán, Gustavo A. Madero, Iztapalapa, Xochimilco, Tlalpan, Iztacalco, Tláhuac, Álvaro Obregón, Cuajimalpa—, todas en áreas donde habitan familias de escasos recursos.

La regularización de la tenencia de la tierra y de unidades habitacionales ha abarcado a 179 mil familias de las delegaciones Gustavo A. Madero, Iztapalapa, Xochimilco, Tlalpan y Coyoacán.

El mayor proyecto de esparcimiento de las últimas décadas, el nuevo parque deportivo y recreativo de Xochimilco, no sólo se localiza en el suroriente de la Ciudad, sino que, a través del nuevo tramo de Anillo Periférico, se comunica con las zonas populosas de Iztapalapa y Tláhuac.

Proyectos ubicados en otras zonas de la Ciudad, como la remodelación total del Zoológico de Chapultepec, están orientados a la población de menores recursos. Según las encuestas, de los casi 7 millones de personas que anualmente visitan el zoológico 80% pertenecen a familias de bajos recursos.

Conjuntamente estas obras cumplen con el propósito de ir equilibrando a la Ciudad: algunas apoyan de manera directa el ingreso de las familias —como el caso del Metro que reduce los costos de transportación—; otras —como la pavimentación— incrementan la calidad de vida; algunas más —escuelas, agua y drenaje— aumentan las oportunidades, sobre todo de niños y jóvenes puesto que elevan su nivel de educación y salud; pero todas juntas contribuyen a mejorar el funcionamiento, la operación y el medio ambiente en favor de toda la población.

Existen también —como se dijo al inicio de este apartado— programas sectoriales dedicados al combate a la pobreza, primordialmente destinados a minimizar sus efectos en grupos específicos. Durante estos últimos años se han puesto en marcha diversos proyectos para menores: atención a niños de la calle, dotación de anteojos en escuelas primarias, nutrición, leche subsidiada, y vacunación universal.

Para evitar acciones dispersas y contradictorias entre organizaciones públicas y privadas, el gobierno de la Ciudad coordinó los esfuerzos de atención a los niños de la calle: estableció un mecanismo financiero que apoya los programas de capacitación a los educadores de la calle, otorgó facilidades a los grupos privados que desean ofrecer este servicio, levantó un censo de niños que viven y trabajan en la calle, y estableció opciones de atención no represivas, más flexibles y con un seguimiento niño por niño.

El programa "Para crecer sanos y fuertes" permitirá atender a los niños —entre 5 y 6 años— que padezcan cualquier grado de desnutrición. Asimismo, dentro del programa "Ver más para aprender mejor", se ha revisado la agudeza visual a 70% de los alumnos.

La Ciudad ha logrado coordinar a las instituciones del sector salud en dos operaciones masivas de salud pública: en 1991 la vacunación casa por casa de todos los niños de 0 a 4 años, y el esfuerzo por mantener la cobertura alcanzada a través de los datos del Registro Civil y de los hospitales.

Política urbana y medio ambiente

Política urbana y medio ambiente son realidades que están siempre íntimamente vinculadas. En la presente administración se ha puesto en práctica una política urbana que reconoce la complejidad de la Ciudad y la velocidad de su transformación, y que ha intentado avanzar en la solución de las numerosas contradicciones que la Ciudad presenta. Contradicciones que existen entre el crecimiento económico y la calidad de vida de muchas comunidades; entre el corto y el largo plazo; entre unas finanzas públicas sanas y los subsidios a los sectores más desprotegidos; entre la necesidad de vivienda y la protección de bosques y barrancas.

Política urbana

Como se ha reiterado, los objetivos de la política urbana son: la disminución de las desigualdades, la contención de la expansión del área urbana, la mejor utilización del espacio urbano ya construido, y la humanización de las condiciones de vida de la Ciudad.

Los logros alcanzados respecto al primer objetivo —la disminución de las desigualdades— acaban de ser descritos en este capítulo; del último —la humanización de la Ciudad— se hablará en un apartado específico. A continuación se presentarán los resultados de los objetivos segundo y tercero.

La contención del crecimiento en ciertas zonas se justifica en razón de que la extensión horizontal de la Ciudad conlleva costos económicos y ambientales muy altos debido a las fuertes pendientes, a la pérdida de los bosques, a la ocupación de áreas inundables, al deterioro de los cauces y barrancas, a la desaparición de zonas de recarga de acuíferos y su correspondiente contaminación causada por los drenajes.

Durante más de una década se ha procurado detener la extensión con acciones de planeación urbana que parten de la legislación vigente en materia de control de uso del suelo —la Ley General de Asentamientos Humanos y la Ley de Desarrollo Urbano del Distrito Federal, promulgadas en 1976.

Con fundamento en dicha legislación,[1] se declaró la zona de conservación del Distrito Federal que establece severas limitaciones de desarrollo en 878 kilómetros cuadrados del sur del Distrito Federal —59% de su superficie total. A partir de esta declaratoria[2] se estableció un sistema de control de desarrollo que se basa en la expedición de licencias de uso del suelo y de construcción.

Estos instrumentos han contribuido a detener la ex-

---

[1] El 26 de mayo de 1976 se decreta la Ley General de Asentamientos Humanos.
[2] Renovada el 16 de julio de 1987 con la aprobación de la segunda versión del Plan General y de los Programas Parciales.

tensión hacia el sur de la Ciudad, como puede apreciarse en las gráficas 26-27. Sin embargo, la presión demográfica, la expansión económica y los intereses legítimos e ilegítimos por usufructuar el suelo a valor urbano han provocado la ocupación de áreas que no debieron urbanizarse.

Resulta sumamente difícil frenar la urbanización en terrenos de propiedad privada o social con sólo prohibir su utilización. Los particulares y las comunidades —que son sus propietarios— reclaman siempre el derecho a urbanizarlos igual que en el pasado lo hicieron otros. En numerosas ocasiones esta prohibición reglamentaria provoca su urbanización ilegal: los propietarios utilizan la invasión o el fraccionamiento ilegal como medio para dar valor a sus patrimonios, que de otra manera no podrían usufructuar a pesar de estar obligados a cubrir los impuestos correspondientes.

Es por esta razón que la presente administración ha seguido una política nunca antes puesta en práctica: expropiar los terrenos más importantes para el equilibrio ambiental del Valle y que se encontraban sujetos a una presión de inminente urbanización. El objetivo ha sido la creación paulatina de un cinturón verde —propiedad pública— alrededor de la Ciudad que evite el crecimiento indiscriminado, y provea de parques a una comunidad tan grande.

En los últimos años se han expropiado, de manera concertada, 4 mil 370 hectáreas —más de 6 veces la superficie de las tres secciones de Chapultepec. Las expropiaciones se repartieron de la siguiente manera: 727 en el Ajusco Medio, 2 mil 657 en Xochimilco, 683 en la Sierra de Guadalupe, 73 en San Lorenzo Tezonco —Tláhuac— y 85 en la tercera sección del Bosque de Chapultepec.

GRÁFICA 26. *Área urbana, 1980.*
Zona de Conservación Ecológica

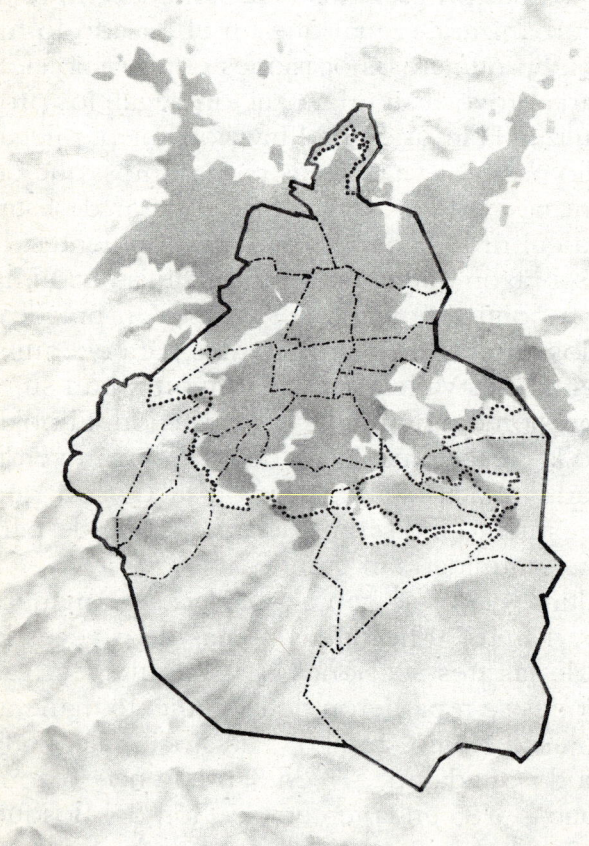

GRÁFICA 27. *Área urbana, 1990.*
Zona de Conservación Ecológica

Para cada una de las expropiaciones hubo que llevar a cabo estudios técnicos muy complejos con el fin de determinar las poligonales; concertar con los afectados; determinar valores que, aun no siendo los comerciales, fueran justos; elaborar los fundamentos jurídicos para la expropiación y su posterior defensa; pagar las indemnizaciones correspondientes; y, finalmente, formular los proyectos y realizar las obras para el cuidado y aprovechamiento de los nuevos parques.

A su vez la Secretaría de Agricultura y Recursos Hidráulicos y la Comisión Nacional del Agua han continuado los trabajos de preservación y restauración del Lago de Texcoco que, con sus 10 mil hectáreas, forma parte del Cinturón Verde de la Ciudad.

Todos los terrenos permanecerán como grandes parques, sometidos a procesos de regeneración y preservación y, en ningún caso, se permitirán ahí edificaciones nuevas ni fraccionamientos.

Cada parque cuenta con un proyecto específico de restauración ambiental: en el Ajusco se trabaja con el Centro de Ecología de la Universidad Nacional Autónoma de México; en el Cerro de la Estrella, con la UAM Iztapalapa, y en Xochimilco está por concluirse uno de los más ambiciosos proyectos mundiales de recuperación hidrológica y paisajística.

Aparte de las tradicionales acciones de vigilancia y conservación de las zonas protegidas, la labor de consolidación del Cinturón Verde deberá continuar y ampliarse hacia el Estado de México con el fin de contar con un cinturón de por lo menos 30 mil hectáreas, que permita lograr el pleno control de la expansión urbana.

El tercer objetivo de desarrollo urbano persigue la

utilización más racional y eficiente del espacio ya construido. A fin de cuentas la Ciudad de México posee un enorme capital invertido en infraestructura y edificios; aunque el Valle de México no sufriera limitaciones de espacio, una Ciudad relativamente pobre —como la nuestra— no puede darse el lujo de extender excesivamente su infraestructura.

Por otro lado resulta ineficiente ampliar la infraestructura y servicios en la periferia cuando los de las zonas centrales permanecen subutilizados. Por ejemplo: no es lógico construir escuelas primarias en Tláhuac cuando las escuelas del centro ya solamente trabajan un turno por falta de alumnos.

La actual dinámica inmobiliaria, sin precedentes, brinda la oportunidad de reutilizar con eficiencia el espacio construido, aunque si este proceso no es conducido adecuadamente puede provocar desorden y conflictos con las comunidades vecinas. Las medidas para lograr este objetivo son las siguientes:

En primer lugar las de tipo fiscal: se triplicó el impuesto predial en terrenos baldíos dentro del área urbana. Con esta medida se evita la especulación con el suelo al imponer un costo tributario adicional a los propietarios de terrenos ociosos en zonas con infraestructura y servicios. Esta disposición, además de acrecentar la recaudación, ha funcionado: prácticamente en todos los terrenos importantes se erigen edificios o existen proyectos en proceso de licencias.

En segundo lugar se han tomado medidas de tipo administrativo y reglamentario para elevar las densidades de vivienda toda vez que los Programas Parciales, aprobados en 1987, contienen una contradicción fundamental: por un lado impiden la expansión territorial del área urbana, pero por el otro contienen densidades muy bajas, incluso en las áreas centrales.

El mecanismo de incrementos de densidad, que se aplica en vivienda de interés social y media, ha funcionado satisfactoriamente, ya que no sólo permite la construcción de más viviendas, sino que posibilita proyectos de otro modo irrealizables por el alto costo de la tierra. Entre 1989 y 1993 se han aprobado 2 075 proyectos para la construcción de 84 mil viviendas en los terrenos donde los Programas Parciales únicamente permitían la edificación de 40 mil.

Además se han revisado los Programas Parciales de las zonas más complejas y conflictivas, desde el punto de vista del uso del suelo, a través de las Zonas Especiales de Desarrollo Controlado (Zedec).

Las Zedec han permitido regular, con consenso y legitimidad, la evolución de las zonas más complicadas: concilian los intereses generales de la Ciudad con los intereses particulares de las comunidades que quieren preservar y, de ser posible, mejorar su calidad de vida.

Las Zedec son instrumentos más claros y precisos —con menos reglas pero más estrictas—, que reducen la discrecionalidad en la aplicación de las normas. Su característica más relevante la constituye su largo plazo de aplicación, que ha logrado, por primera vez en la historia de la Ciudad, ajustar los precios del suelo al potencial de desarrollo y no al revés —como sucedía en el pasado. Las Zedec fundamentan una mejor utilización del espacio urbanizado, determinan con claridad el futuro de las zonas y las estabilizan al evitar procesos prematuros de deterioro como el de la Zona Rosa.

A la fecha se han oficializado 22 Zedec, que cubren

12% de la superficie urbana del Distrito Federal; otras 17 se encuentran en estudio y cubrirán 9% más.[3]

Sin embargo, las medidas fiscales y administrativas no siempre son suficientes para lograr la reutilización del espacio urbano. Existen zonas donde la dinámica de deterioro, pérdida de población y actividad económica es tan acentuada que, para revertirla, se requieren acciones enérgicas y de largo plazo.

En este asunto el gobierno de la Ciudad ha promovido una doble estrategia: en un sentido ha abierto nuevas zonas de desarrollo para absorber la presión inmobiliaria, y en el otro ha inducido un proceso de recuperación de las zonas centrales que en las últimas décadas se habían despoblado y deteriorado.

El Proyecto de Santa Fe, área de 800 hectáreas que alguna vez albergó uno de los tiraderos de basura a cielo abierto más grande del mundo y las minas de arena con las que se construyó buena parte de la Ciudad, forma parte de esta estrategia. De no haberla aplicado, Santa Fe hubiera sido ocupada poco a poco y de manera desordenada para ir resolviendo situaciones de corto plazo. Ante semejante perspectiva se optó por un proyecto de desarrollo claro, ordenado y autofinanciable.

Santa Fe es el primer ejemplo de la Ciudad donde se planea el desarrollo y se introduce la infraestructura de acuerdo con las demandas reales. A partir de la elaboración del Plan Maestro se han licitado y vendido terrenos con una cláusula de construcción inmediata que evita la especulación. Dos edificios están actualmente en operación, cuatro más terminados y otros 12 en construcción; el centro comercial abrió a

---

[3] Acerca de las Zedec, véase los cuadros 9 y 10, en el apéndice.

finales de 1993, y diversos edificios se encuentran en proceso de proyecto y de obtención de licencias. En Santa Fe se están edificando alrededor de 900 mil metros cuadrados, que generan 60 mil empleos.

La segunda parte de la estrategia ha consistido en volver a desarrollar las zonas centrales. Este proceso no ha sido fácil ya que las leyes del mercado y las preferencias sociales juegan en sentido opuesto: prefieren la periferia, primordialmente el poniente.

La clave para el éxito de esta estrategia consiste en que no sólo se invierta de nuevo en la construcción y regeneración de oficinas, comercio y hoteles, sino que se edifique y rehabilite la vivienda: cuando las clases medias estén dispuestas a volver a habitar el Centro Histórico o las colonias que lo circundan, podrá decirse que esta política funciona.

Se ha orientado a los inversionistas a edificar en el Paseo de la Reforma, en la Alameda y en el Centro Histórico. En materia de vivienda se apoya la construcción en las colonias Guerrero, Obrera, Doctores, San Rafael o Santa María.

Esta parte de la estrategia está funcionando: en los terrenos que habían permanecido baldíos durante décadas en Paseo de la Reforma, o se está construyendo o algunos se encuentran en proceso de licencias. Son 12 proyectos de edificios de oficinas y hoteles, algunos de ellos los más importantes que jamás se hayan levantado en la Ciudad de México. El Paseo de la Reforma está recuperando su papel de principal zona de negocios, que además contribuirá a la revitalización de la Alameda y del Centro Histórico.

El costado sur de la Alameda es otra área deteriorada y, por lo mismo, de gran oportunidad. En sus trece manzanas, que van de Avenida Juárez a Artículo 123 y de Balderas al Eje Central Lázaro Cárdenas, 60% de los inmuebles están desocupados o ya fueron demolidos. Hace 25 años dicha área y su zona de influencia producía 5% del PIB de la Ciudad. Su participación hoy día es casi nula.

La población de esta zona —11 500 familias— se ha mantenido prácticamente estable desde 1950, pero el espacio habitable por familia se ha ido reduciendo con el consiguiente hacinamiento.[4]

Estos dos indicadores demuestran que, aunque se trata de una de las zonas mejor dotadas de servicios, su aportación a la Ciudad es nula: a todos cuesta y sin embargo no aporta ni empleos, ni base fiscal, ni vivienda.

El segundo espacio urbano más importante de la Ciudad no debe mantenerse en semejante decadencia, además de que su revitalización apoyaría la del Centro Histórico puesto que ahí sí es posible edificar los grandes volúmenes que el Centro no admite.

Se trata de un proyecto de mediano plazo —como los que se desarrollan en todas las grandes ciudades— y extremadamente complejo debido a la gran cantidad de dueños —muchos de ellos ausentes—, a la dificultad de ensamblar terrenos, al alto costo de demolición de estructuras y cimentaciones, y finalmente al desinterés de los inversionistas inmobiliarios.

A pesar de todas las dificultades el proyecto se ha iniciado. Está en construcción el primer edificio en el sitio donde se erigía el Hotel del Prado. Se trata de un

---

[4] Datos obtenidos de un estudio realizado por el arquitecto Ángel Mercado, consultor externo, propuesto por la Alianza Vecinal —grupo que aglutina a vecinos y comerciantes de la zona.

conjunto de usos mixtos: oficinas, comercio, y posiblemente un hotel —que sin duda contribuirá a despertar la confianza en el futuro de esa zona.

Por último, dentro de esta estrategia de regeneración de las zonas centrales de la Ciudad, se encuentra el Centro Histórico: uno de los más importantes del mundo, por su tamaño y por el número y magnificencia de sus edificios y de sus espacios urbanos. El Perímetro "A", está protegido por el Instituto Nacional de Antropología e Historia, y fue declarado Patrimonio Histórico y Cultural de la Humanidad por la UNESCO.[5]

El Centro Histórico ha venido deteriorándose a lo largo de los últimos cincuenta años debido a una combinación de circunstancias. En primer lugar, el desarrollo de nuevas zonas habitacionales y de servicios provocó que las familias de ingresos medios y altos, así como los negocios y oficinas de mejor calidad, empezaran a reubicarse por comodidad, por moda, siguiendo a sus clientelas, o para gozar de una mejor calidad de vida. Esos usos y esa vivienda fueron sustituidos, con el paso del tiempo, por comercio de mala calidad que funda su rentabilidad en la venta masiva de productos baratos. También la vivienda, ante una demanda de familias de escasos recursos, se fue subdividiendo.

Este proceso tuvo una repercusión dañina para los edificios y para el espacio urbano. En el caso del co-

[5] El Centro Histórico de la Ciudad de México según el decreto del 11 de abril de 1980, se conforma por 668 manzanas que abarcan lo que fue la Ciudad hasta finales del siglo XIX. En este perímetro se localizan 3 068 edificios de los cuales 1 534 son monumentos catalogados. Adicionalmente, el Centro Histórico fue declarado por la UNESCO —el 8 de diciembre de 1987— Patrimonio Histórico y Cultural de la Humanidad.

mercio sólo resultan rentables las partes bajas, al tiempo que los pisos superiores se convierten en bodegas. En una zona sísmica dicho acomodo se traduce en la mejor fórmula para un mayor perjuicio: plantas bajas debilitadas por el retiro de muros y la apertura de ventanas, y plantas altas con sobrecargas de peso.

La vivienda, al irse subdividiendo, transformó los antiguos palacios y casonas en vecindades que estropearon su imagen y estructura. Los decretos de rentas congeladas no originaron el proceso de deterioro, pero sí contribuyeron a acelerarlo y a volverlo más grave.

Tanto abandono, el cierre de calles para transformarlas en peatonales y un esquema de administración de tránsito equivocado, contribuyeron a que el Centro se convirtiera también en el receptáculo de más de 10 mil vendedores ambulantes que la crisis económica produjo.

Se formó así un círculo vicioso muy difícil de romper: el deterioro provocó la salida de quienes podían mantener los edificios, que a su vez sufrieron mayor deterioro, y así sucesivamente. De no romperse dicho círculo es impensable regenerar el centro.

Por otro lado, resulta difícil encontrar incentivos para restaurar edificios puesto que los espacios comerciales disponibles son relativamente pequeños; además, los edificios históricos no pueden demolerse y su restauración es costosa: en ocasiones es más caro restaurar que demoler y edificar de nuevo.

Para tratar de romper ese círculo vicioso se ha optado por un enfoque integral que consiste en conjuntar voluntad política, incentivos económicos y fiscales, obras específicas y gestión directa en la solución de los problemas jurídicos y sociales que muchas veces impiden la restauración de los edificios. Con este enfoque se diseñó el programa "Échame una manita": por primera vez en la Ciudad y en el país se expide un paquete de estímulos fiscales que incluye exenciones al Impuesto de Traslado de Dominio y al Impuesto Predial.[6] Además se ha aprovechado la enorme inversión inmobiliaria en el resto de la Ciudad para transferir recursos financieros de los edificios de alta rentabilidad a los edificios históricos.

Mediante el Fideicomiso de Transferencia de Potencial[7] establecido en Nafinsa, inmuebles de distintas zonas del Distrito Federal han comprado potencial de desarrollo a inmuebles históricos entre los que destacan el Antiguo Colegio de San Ildefonso, el Museo Cuevas en el Antiguo Convento de Santa Inés, el Palacio Postal, el Coro de Santo Domingo, las Cárceles de la Perpetua y ahora la Casa de las Ajaharacas.

Además, con estos recursos se ha apoyado el mantenimiento de vecindades históricas reconstruidas después de los sismos de 1985. También se ha establecido una ventanilla de apoyo a trámites y licencias puesto que, por ser tan engorrosos, desalientan cualquier iniciativa.

---

[6] Para estos efectos se han otorgado ya 65 Certificados que amparan una inversión de 164 millones de nuevos pesos, los cuales concedieron subsidios por 1.4 millones de nuevos pesos.

[7] El Departamento del Distrito Federal reconoce el potencial de construcción no utilizado por las fincas patrimoniales, permitiendo la transferencia de potencial no construido a un inmueble de otra zona de la Ciudad, el cual pagará los derechos a través del Fideicomiso de Transferencia de Potencialidad, mismos que se destinarán a la restauración de la finca original que transfirió su potencialidad. A la fecha, se han hecho transferencias por 75 130.83 metros cuadrados, a un costo de 44 millones 724 mil 481 nuevos pesos. Estos recursos se han destinado a financiar, total o parcialmente, la restauración de 27 inmuebles históricos.

A dos años de haberse puesto en marcha este Fideicomiso ha logrado que actualmente se restauren 472 inmuebles con una inversión de 858 millones de nuevos pesos. Entre estos edificios, aparte de los ya citados, se cuentan el Colegio de Niñas, el Antiguo Hospital de Betlemitas, el Antiguo Arzobispado, la primera imprenta y la primera universidad, la Antigua Escuela de Jurisprudencia y la Antigua Aduana —ahora Secretaría de Educación. La Secretaría de Desarrollo Social también se sumó a este esfuerzo y actualmente se encuentra restaurando los dos monumentos más importantes de la nación: Catedral y Palacio Nacional.

Calles enteras —como Tacuba, 5 de Mayo y Francisco I. Madero— están sujetas a un proceso de remodelación integral que incluye no sólo fachadas, sino banquetas y mobiliario urbano. Por otro lado, en el Perímetro "A" se construyeron 17 mercados que, junto con otros del Centro Histórico, permitieron reubicar a todos los comerciantes ambulantes de esta zona patrimonial.[8]

En materia de estacionamientos se licitó y adjudicó un estacionamiento subterráneo frente al Palacio de Bellas Artes, con cupo para 400 autos, que también permitirá apoyar al Centro Histórico.

La regeneración y construcción de vivienda —que implica que familias que abandonaron el centro hace muchos años consideren posible volver a habitarlo— ha comenzado, aunque de manera incipiente. La magnífica casa de Seminario 12 está totalmente res-

---

[8] El 12 de julio de 1993 la Asamblea de Representantes emitió un "Bando para la Ordenación y Regulación del Comercio en Vía Pública del Centro Histórico de la Ciudad de México" que prohíbe la venta en las calles del Perímetro "A" del Centro Histórico, a partir del 1 de septiembre de 1993.

taurada; el INFONAVIT terminó 21 viviendas en la calle República de Brasil; en Donceles 67 se restaura un edificio que albergará 22 viviendas; otro en Mesones 189 que contará con 14 viviendas; también en la Casa de las Ajaharacas habrá 14 departamentos, y en Leandro Valle 6 otros 12. Son todavía pocas viviendas, pero señalan el inicio de un proceso.

Medio ambiente

El "Programa Integral Contra la Contaminación Atmosférica" (PICCA) es una estrategia que ha surgido a partir de un diagnóstico ambiental detallado, de un análisis de las opciones técnicas, del desarrollo de esquemas de financiamiento viables, y de la necesidad de realizar una amplia concertación social para asegurar su instrumentación.

La lucha contra la contaminación atmosférica es muy reciente en el Valle de México; no fue sino hasta 1986 que se contó con una red automática de monitoreo atmosférico y en 1987 se obtuvieron datos confiables sobre los niveles de contaminación. En 1988 se adicionó la materia ambiental a la Constitución y se promulgó la Ley General del Equilibrio Ecológico y la Protección al Ambiente. A partir de esta ley se inició el desarrollo y la expedición de las normas técnicas que establecen los límites precisos a la generación de contaminantes.

Hasta 1989, después del análisis de los diferentes tipos de industrias y vehículos, pudo finalmente integrarse el primer inventario detallado de emisiones contaminantes. Sólo a partir de este inventario fue posible diseñar, durante 1990, la estrategia integral que busca controlar los principales factores y fuentes que ensucian el aire.

La contaminación atmosférica en el Valle de México tiene dos fuentes primordiales: una de origen natural, compuesta por los polvos que los vientos y vehículos levantan en las zonas desprovistas de vegetación o sin pavimentar, y la segunda, la más importante, proviene del consumo y la aplicación de hidrocarburos. Se estima que, en la Zona Metropolitana, diariamente se aplican 600 toneladas de solventes y se consumen 43 millones de litros de hidrocarburos; 7% lo consumen las termoeléctricas, 11% los hogares, 28% la industria y los servicios, y 54% el transporte de bienes y personas, que en similares porcentajes contribuyen a la generación de contaminantes atmosféricos.

El PICCA entró en operación el 15 de octubre de 1990, con la concertación y el compromiso de los distintos sectores de la sociedad. Ha ejercido 1 500 millones de dólares de los 4 700 presupuestados, y ha ido incorporando progresivamente las medidas que alcanzan viabilidad técnica, financiera y social. Está coordinado por la Comisión Metropolitana para la Prevención y Control de la Contaminación Ambiental en el Valle de México, adonde concurren doce instituciones del gobierno federal y el Estado de México, y en cuyo consejo participan investigadores, grupos ecologistas, y representantes populares de la industria y del comercio. El PICCA actúa sobre cinco líneas estratégicas de acción:

1) Investigación local, educación ambiental y participación ciudadana.
2) Mejor calidad ambiental de los combustibles.

3) Más y mejor transporte colectivo y transporte individual más limpio.
4) Modernización de la industria y control de sus emisiones contaminantes.
5) Restauración ambiental.

Investigación local, educación ambiental
y participación ciudadana

El Valle de México tiene características geográficas y atmosféricas únicas en el mundo: se encuentra rodeado de montañas que impiden la entrada de vientos dispersores de los contaminantes; sus 2 240 metros de altura constituyen una particularidad que enrarece su atmósfera con 23% menos de oxígeno que a nivel del mar. Por dicha razón todos sus procesos de combustión son más ineficientes y, por lo tanto, más contaminantes. Dada su latitud recibe gran insolación que promueve la formación de ozono. También el Valle sufre constantes inversiones térmicas y presiones atmosféricas[9] que atrapan los contaminantes dentro de su cuenca. Tan compleja situación ha requerido y requerirá de un acucioso y largo análisis técnico que garantice resultados ambientales positivos. El bienestar social de la Ciudad está fundado en el consumo de

[9] Normalmente en la atmósfera las capas de aire más frío están arriba y las de aire caliente abajo; éstas tienden a subir y se van enfriando. En una Inversión Térmica se forma una capa de aire caliente por encima del aire frío y detiene al aire de abajo en su circulación normal. La Inversión Térmica, al no permitir que los contaminantes que se están produciendo suban y se dispersen, causa que los gases tóxicos queden atrapados, permanezcan por más tiempo y se acumulen. Este fenómeno cuando tiene una duración larga puede ser peligroso porque provoca que se concentre la contaminación. Afortunadamente los rayos, al calentar el ambiente, rompen la inversión térmica y permiten que la contaminación se disperse.

combustibles que, al quemarse, generan contaminación atmosférica. Desde el momento de encender la luz, de abrir la llave del agua caliente o de preparar los alimentos se quema gas; el transporte al trabajo o escuela utiliza gasolina o diesel, la operación de diversas industrias consume gasóleo o gas, y así sucesivamente con el resto de las actividades.

En consecuencia debe suscitarse el ahorro de combustibles, el uso racional de tecnologías y la protección del medio ambiente. En base a estos tres conceptos la Comisión Metropolitana para la Prevención y Control de la Contaminación Ambiental en el Valle de México[10] ha venido promoviendo la edición de material educativo y programas de participación ciudadana: Todos tenemos una responsabilidad ambiental que cumplir.

Mejor calidad ambiental de los combustibles

Para lograr este objetivo se han realizado, en muy corto plazo, transformaciones muy significativas: hoy en día las gasolinas son oxigenadas para mejorar su combustión y reducir la generación de contaminantes; la gasolina sin plomo ha vuelto factible la introducción de convertidores catalíticos en los vehículos y, conjuntamente con la reducción de 92% de contenido de plomo en la gasolina Nova, ha permitido reducir las concentraciones de ese metal en la atmósfera hasta cumplir con la normatividad que protege a la salud.

[10] El 8 de enero de 1992 se creó por Decreto Presidencial la Comisión Metropolitana para la Prevención y el Control de la Contaminación Ambiental en el Valle de México, para dar mayor celeridad y eficacia a las acciones que en materia ambiental se realizan en la ZMCM.

A partir del 1 de diciembre de 1992 se estableció un límite máximo al contenido de olefinas, aromáticos y benceno en las gasolinas. Estas restricciones disminuyen los hidrocarburos reactivos y las evaporaciones que contribuyen a la formación de ozono; en el caso del benceno se reduce el riesgo cancerígeno que este elemento provoca. Con estos límites, las gasolinas del Valle de México cumplen con la normatividad que será efectiva en los Estados Unidos a partir de 1994. Se le han entregado a la Asamblea de Representantes las auditorías que demuestran este cumplimiento.

También se ha desulfurizado el diesel, y se sustituyó el combustóleo por gasóleo —que contiene 33% menos azufre. Estas medidas, junto con la creciente introducción de gas en industrias y transporte, han permitido que el bióxido de azufre en la atmósfera ya no rebase la norma que protege la salud. Muy importante contribución se obtuvo desde la conversión —al uso de gas natural— de las dos termoeléctricas de la Ciudad, así como de otras 365 industrias.

Se han elaborado detallados proyectos de ingeniería química y se han realizado cuantiosas inversiones para que la calidad de los combustibles mejore. Este esfuerzo no se ha detenido: actualmente se experimenta la especiación de los hidrocarburos en la atmósfera, se analiza su reactividad en cámaras de radiación, y se evalúa su transformación a través de un complejo estudio sobre fotoquímica atmosférica del Valle de México.[11] Con estos avances podrán reformu-

---

[11] En un estudio elaborado por el Instituto Mexicano del Petróleo y el Laboratorio Nacional de los Álamos (Estados Unidos), se desarrolló un modelo que consta de tres partes esenciales: un modelo de dispersión; un modelo fotoquímico de simulación de la calidad del aire incluyendo formación de ozono y otros oxidantes fotoquímicos; una meto-

larse las gasolinas para que contengan una menor cantidad de hidrocarburos reactivos.

Más y mejor transporte colectivo
y transporte individual más limpio

Se intenta, mediante las siguientes medidas, reducir la generación de emisiones contaminantes por pasajero transportado: ampliación de las líneas del Metro —impulsado por energía eléctrica—, que ya cubre 154 kilómetros; incorporación de 3 500 nuevos motores para los autobuses de transporte urbano Ruta 100; cambio de todos los taxis y microbuses por nuevos vehículos que cuentan con convertidor catalítico —a la fecha 28 mil vehículos han sido sustituidos—; renovación de los trolebuses; introducción de nuevo equipo en el Tren Ligero de Xochimilco; y por último, la distribución nocturna de carga.

También se ha dictaminado que los vehículos de carga no pueden ser modelos anteriores a 1977, y se promueve que los modelos de 1980 a 1990 sean convertidos al uso de gas que, por ser fotoquímicamente neutro, no se transforma en ozono.[12]

Todos los vehículos, con excepción de los de servicios básicos y de emergencia, están obligados a cumplir con el Programa "Hoy no circula",[13] y todos tie-

---

dología para el diseño costo-efectivo de estrategias, y un árbol de decisiones para evaluar las distintas estrategias propuestas.

[12] El uso de gas en el Valle de México se concentra básicamente en el consumo de Gas Licuado de Petróleo (GLP) como un combustible alternativo a la gasolina. Este gas presenta 3 ventajas: amplia accesibilidad, bajo costo y extensa oferta de equipos de conversión.

[13] Iniciado el 20 de noviembre de 1989, consiste en retirar de la circulación 20% de la planta vehicular de la ZMCM, ya que para cada día de la semana laboral se impuso la restricción de circular de acuerdo con el

nen que pasar la verificación de sus gases de escape: este mandato ha permitido que no se viole más la norma de monóxido de carbono. A partir de enero de 1993 dicha verificación se efectúa exclusivamente con equipo computarizado, que garantiza precisión y control libre de manipulación.

Desde diciembre de 1992 se ha venido aplicando el programa de detención de vehículos ostensiblemente contaminantes —en el que participan 20 unidades móviles equipadas con analizadores de gases, computarizados.

En la actualidad se cuenta con 50 patrullas de policía que, acompañadas por técnicos de la Dirección de Ecología, vigilan el cumplimiento de este programa permanente con el fin de asegurar que cuanto vehículo circule en el Valle de México, independientemente de donde proceda, observe la normatividad ambiental.

Modernización de la industria y control
de sus emisiones contaminantes

Para garantizar el cumplimiento de la normatividad ambiental todas las industrias están sujetas a cumplir cada año con la verificación obligatoria de sus emisiones. Y además se ha venido instrumentando una estrategia de acciones concertada: En marzo de 1992 la CMPCCA convino con las cámaras industriales en un programa para el control de las emisiones contaminantes provenientes de la industria de la Zona Metropolitana. El programa establece compromisos derivados de un diagnóstico económico, energético y

---

último dígito de las placas, correspondiéndole no circular a dos dígitos por día.

ambiental, así como de la normatividad y de la tecnología disponible.

El programa de verificación obligatoria anual de las emisiones inició en junio de 1992, y establece un calendario anual durante el cual la industria —dividida en 12 grupos—, empresa por empresa, debe presentar la evaluación de sus emisiones a la atmósfera. El programa especifica también que, al mes siguiente de la verificación, la Procuraduría Federal de Protección al Ambiente realice visitas de inspección para asegurarse del cumplimiento de la normatividad.

En términos globales 26% de las industrias inspeccionadas fueron clausuradas de manera parcial-temporal y 1% de manera total. Un 59% sólo requirió recomendaciones técnicas y el 14% restante no presentó problema alguno.

Restauración ambiental

La desecación de los lagos y la deforestación de nuestros bosques empezó desde la época de la Colonia. Con el fin de revertir dicha tendencia recientemente se han expropiado y preservado áreas ecológicamente frágiles como el Ajusco, Xochimilco, la Sierra de Guadalupe y la Sierra de Santa Catarina, y varias otras están en proceso de expropiación. Durante 1990 los ciudadanos plantamos 1.8 millones de árboles, en 1991 logramos sembrar 12 millones, y durante 1992 15 millones más. Además los antiguos tiraderos de basura están siendo convertidos en zonas arboladas, y se han creado múltiples parques urbanos.

Se han efectuado muchas otras acciones, como el cierre de la Refinería Petrolera 18 de Marzo y la construcción de nuevas vialidades para evitar congestionamientos vehiculares. La ciudadanía y su gobierno luchan por reducir todos los factores y fuentes significativas de contaminación. Los primeros resultados están a la vista: plomo, bióxido de azufre, monóxido de carbono y óxidos de nitrógeno se encuentran ya dentro de las normas que protegen la salud.

Aún queda por controlar el problema del ozono. Este elemento es el contaminante más difícil de restringir puesto que se genera a partir de la quema diaria de 43 millones de litros de todos los combustibles. Para lograrlo es menester racionalizar el consumo, continuar mejorando su calidad y cambiar la tecnología de industrias y vehículos.[14] Existe consenso, entre la comunidad científica nacional e internacional, de que el control del ozono es un proceso de mediano y largo plazo.

El PICCA opera de manera permanente. Sin embargo, durante el invierno la situación es más crítica dada la mayor incidencia de inversiones térmicas. Cada año se diseña el programa más adecuado; en el invierno 1992-1993 se aplicaron, por ejemplo, las siguientes medidas:

1) Reformulación de gasolinas.
2) Abastecimiento de diesel especial.
3) Reducción de 25% del consumo de combustibles en las termoeléctricas del Valle de México.
4) Vigilancia aérea para detectar la quema de materiales a cielo abierto, así como las emisiones in-

---

[14] La recuperación de vapores en la distribución de gasolinas; la disminución de compuestos orgánicos foto-reactivos en pinturas, barnices, solventes y procesos industriales; la instalación de quemadores de bajos óxidos de nitrógeno, de lavadores de gases y de reductores catalíticos en industrias y servicios, por mencionar sólo los principales.

dustriales y de establecimientos de servicio ostensiblemente contaminantes.
5) Reforzamiento del programa de verificación industrial.
6) Retiro de vehículos ostensiblemente contaminantes.
7) Modernización del programa de verificación vehicular.
8) Fortalecimiento de las acciones del Sistema Nacional de Salud.
9) Exención del Programa "Hoy no circula" a transporte escolar y de trabajadores.
10) Horario escolar flexible en la Zona Metropolitana y Programa de Protección Ambiental en las Escuelas.

Además existe un programa de contingencias ambientales que entra en operación cuando algún contaminante excede cierto parámetro. Consta de dos fases:

Fase I

Aplicable después de haberse alcanzado valores superiores a los 250 IMECAS, niveles altos generalizados en toda la Ciudad y bajo condiciones adversas de dispersión de contaminantes durante el día o los días subsecuentes. Se toman las siguientes medidas:

1) Reducción de 30 a 40% de la actividad industrial. De ser necesario, se determinarán porcentajes mayores de reducción.
2) Implementación de dispositivos específicos para agilizar el tráfico en la ZMCM.

3) Reducción a 50% de la circulación de los vehículos operativos de entidades gubernamentales con excepción de servicios básicos y de emergencia.
4) Suspensión de las tareas de asfaltado, pintura, reparación en calles y servicios diversos de jardinería, limpieza o mantenimiento de camellones y banquetas.
5) Orientación a la población a través de los medios de comunicación masiva, de las acciones que deben tomarse durante el Programa de Contingencias.

Fase II

Aplicable después de haberse alcanzado valores superiores a 350 IMECAS, niveles altos generalizados en toda la Ciudad y bajo condiciones adversas de dispersión de contaminantes durante el día o los días subsecuentes. Se toman las siguientes medidas:

1) Extensión obligatoria del Programa "Hoy no circula", por dos días, a vehículos que no sean de transporte de pasajeros o de carga. A los vehículos de transporte y carga se les aplica el programa normal, los vehículos que presten servicios de emergencia están exentos.
2) Suspensión de clases en las escuelas a nivel preescolar, primaria, secundaria y educación especial, con excepción de las guarderías y centros de desarrollo infantil.
3) Reducción de la actividad industrial hasta 75% en las industrias críticas y hasta 50% en las 300 industrias de mayor consumo de combustibles.

La calidad del aire en la ZMCM se mide a través de una Red de Monitoreo Atmosférico. Ésta consta de una red automática y una manual. La Red Automática de Monitoreo Atmosférico (RAMA) entró en funcionamiento en 1986 para medir continuamente, hora tras hora, las concentraciones de los contaminantes en la atmósfera de la Ciudad de México; a partir de entonces es posible evaluar la calidad del aire en nuestra Ciudad en forma sistemática, con referencia a las normas establecidas para la protección de la salud.

La Red Automática cuenta con 32 estaciones distribuidas en las cinco zonas en que ha sido dividida la Zona Metropolitana. En esta Red se miden en forma continua el ozono, bióxido de azufre, óxidos de nitrógeno y monóxido de carbono.

Humanización y cultura

En los últimos años se ha realizado un esfuerzo deliberado y sistemático para reconquistar y resaltar las ventajas de la Ciudad; ventajas que compensan, en buena medida, los costos que la urbe nos obliga a pagar.

Se trata de preservar los símbolos de la Ciudad, de rehabilitar sus espacios abiertos y de crear otros nuevos, de mejorar su imagen urbana y su arquitectura, de lograr un patrón de actividades culturales y recreativas para los distintos grupos sociales de todas las edades y para los grupos minoritarios. Se trata más bien de una actitud, que no sólo debe mantener en práctica el gobierno de la Ciudad, sino también los particulares y las comunidades.

La preservación de los símbolos de la Ciudad se ha

cumplido a través de la rehabilitación del Centro Histórico y de Xochimilco, así como de la restauración de edificios específicos como San Ildefonso y el Museo de la Ciudad de México.

La reforestación se realiza con criterio urbanístico y de paisaje: nuevos camellones con palmeras, bosques en donde antes no los había, recuperación de antiguos camellones y parques públicos.

Durante estos años se han abierto nuevos espacios públicos que, aunque pequeños, van transformando la Ciudad. Entre ellos destacan: el Parque Tamayo en Álvaro Obregón, los parques de Nuevo León y de La Paz en Tlatelolco, la Plaza del Teatro Blanquita, la Plaza López Mateos, otras más en la Benito Juárez, Coyoacán, Iztapalapa, y en este año se terminarán plazas en Colinas del Sur junto al Convento del Carmen, en el paso a desnivel de Palmas y Periférico, y en Plateros.

Se han concebido nuevas actividades para todos que funcionan adecuadamente. La reconstrucción del Auditorio Nacional lo ha convertido en uno de los centros de espectáculo más importantes del mundo. Desde su reapertura se han presentado 155 espectáculos con una entrada superior a 1.2 millones de personas. En el Palacio de los Deportes se han ofrecido 259 espectáculos dedicados a jóvenes, con una asistencia de 2.35 millones. La inauguración del Museo del Niño y la reapertura del Zoológico de Chapultepec permitirán a los niños de escasos recursos contar con centros de diversión modernos y adecuados. El Centro Nacional de las Artes mejorará la enseñanza artística y permitirá a la Ciudad contar con un nuevo conjunto urbano dedicado a la cultura. Todos estos proyectos han mejorado sustancialmente la imagen de la Ciudad y son excelentes ejemplos de arquitectura mexicana. A la exposición "México: Esplendor de 30 Siglos", que albergó el antiguo Colegio de San Ildefonso, asistieron 697 mil espectadores —se rompió el récord de asistencia del Museo Metropolitano de Nueva York. En noviembre de 1993 se inauguró en este mismo recinto la muestra "Tesoros del Vaticano".

Además, la Ciudad de México se ha convertido en sede cultural. El Festival de la Ciudad de México y el Festival del Centro Histórico ofrecen lo mejor de México y el mundo, y no transcurre semana sin la presentación de algún espectáculo internacional de música, teatro, danza, o de alguna exposición importante.

Gobierno, reforma política y derechos humanos

Gobernar la Ciudad de México exige reconocer la complejidad de sus procesos, la diversidad de los actores sociales y la existencia de intereses opuestos.

Así sucede en todas las ciudades, pero en la nuestra los problemas se exacerban debido a su tamaño gigantesco. No es lo mismo gobernar un conflicto derivado del proceso de deterioro de un centro pequeño, que el de nuestro Centro Histórico, más grande incluso que muchas ciudades. Es más fácil conducir la política laboral de un ayuntamiento con algunos miles de empleados, que la de un gobierno con 227 mil trabajadores.

El conflicto originado por los problemas de vivienda se magnifica cuando se trata de una ciudad con problemas de acelerado crecimiento en la periferia, que se suman a los de las zonas centrales.

Finalmente, la convivencia cotidiana de 16 millones

de personas suscita problemas que no sobrevienen en la mayoría de las ciudades. Véanse, si no, los problemas ocasionados por las manifestaciones de protesta que, dentro de la ley, ocurren en la Ciudad casi todos los días.

Para gobernar una ciudad hace falta una filosofía política, un sistema de gobierno y un aparato institucional capaz de mantener los principios básicos que garanticen el buen funcionamiento de la urbe.

En estos años se ha gobernado bajo premisas de estricto respeto a las libertades públicas y a los derechos humanos. Las decisiones cotidianas del gobierno buscan mantener estabilidad mediante la conciliación de los intereses que frecuentemente entran en oposición, y a través del resguardo del equilibrio entre los distintos actores sociales.

De esta manera —en los cinco años de la administración— no han sucedido incidentes serios ni violencia en las calles. A pesar de momentos de tensión originados por los procesos electorales, por las protestas de algún grupo en particular, o por los ajustes que necesariamente acontecen al entrar en marcha programas de cambio estructural, se ha podido preservar un clima de paz y estabilidad que permite la operación de la economía, la tranquilidad y el desarrollo de los distintos grupos sociales y el cumplimiento de los programas gubernamentales —aunque afecten intereses poderosos o modifiquen inercias de mucho tiempo. En estos años se realizaron en esta Ciudad cerca de mil manifestaciones sin que se haya producido un solo acto de violencia grave; la mayoría de ellas vinculadas con problemas de vivienda y organizadas por los distintos grupos de los movimientos populares urbanos.

También se llevaron a cabo procesos electorales

importantes, entre los que destacan las elecciones del 18 de agosto de 1991 en donde se eligió a un senador por el Distrito Federal y se renovó en su totalidad la Asamblea de Representantes —66 asambleístas integrados por 40 de elección directa y 26 plurinominales.[15]

Por otro lado, la Ciudad fue también escenario de conflictos resultantes de ajustes necesarios a la economía, o de diversas pugnas originadas en los estados de la República. El conflicto magisterial de 1989, los despidos de trabajadores petroleros y los problemas de relación entre campesinos e instituciones financieras, tuvieron como consecuencia marchas y plantones en el Distrito Federal que afortunadamente se solucionaron sin afectar la libertad y los derechos de expresión.

La existencia de la Asamblea de Representantes transformó la práctica cotidiana del gobierno de la Ciudad. Además del activo trabajo de la I y II Asambleas en materia reglamentaria, este cuerpo se convirtió en un interlocutor —cada vez más eficaz— entre la sociedad y el gobierno. Por un lado, los ciudadanos empezaron a encontrar en sus representantes el conducto para canalizar sus inconformidades y demandas, y por el otro, los funcionarios públicos de los distintos niveles comprendieron que sus acciones se mantenían vigiladas y debían ser explicadas a una institución plural fundada en un verdadero debate entre partidos y posiciones. Esta situación lo mismo se producía en la discusión de programas generales a largo plazo —como el de la lucha contra la contami-

---

[15] La II Asamblea está integrada por: 40 asambleístas de elección directa del PRI y 26 plurinominales repartidos de la siguiente manera: 11 del PAN; 7 del PRD; 5 del PFCRN; 2 del PPS y 1 del PARM.

nación—, que sobre situaciones específicas y locales —como en el caso de algún conflicto de uso.

El Jefe del Departamento está obligado a rendir un informe a la Asamblea al inicio del segundo periodo de sesiones, en abril de cada año. El hecho de que este informe sea debatido en un intercambio directo entre el Jefe del gobierno de la Ciudad y los asambleístas de los distintos partidos políticos, abre un espacio de diálogo —nunca antes experimentado— sobre los problemas de la Ciudad. Igual acontece en las comparecencias de los distintos funcionarios del gobierno de la Ciudad ante el pleno y ante las distintas comisiones que integran la Asamblea.[16]

Las modificaciones que introdujo la formación de la Asamblea de Representantes en la vida de la Ciudad son muy importantes y constituyen un gran avance en la dirección correcta. Sin embargo, en los últimos años había quedado claro que las formas de gobierno y de administración de la Ciudad no concordaban con la realidad de la urbe. Por un lado, se había creado un clima de rechazo a la condición de departamento administrativo con un jefe, delegados y funcionarios designados por el Presidente de la República, ya que contradecía las aspiraciones democráticas de los ciudadanos, pero sobre todo de las organizaciones políticas que actúan en la Ciudad. Por el

---

[16] *1)* Seguridad Pública y Protección Civil; *2)* Administración y Procuración de Justicia; *3)* Uso del Suelo; *4)* Preservación del Medio Ambiente y Protección Ecológica; *5)* Abasto y Distribución; *6)* Salud y Asistencia Social; *7)* Vialidad y Transporte Urbano; *8)* Fomento Económico y Protección al Empleo; *9)* Desarrollo Rural; *10)* Ciencia, Tecnología e Informática; 11) Vigilancia de la Administración Presupuestal y Contable del Distrito Federal; *12)* Reglamento Interior; *13)* Vivienda; *14)* Educación; *15)* Desarrollo Metropolitano; *16)* Población y Desarrollo, y *17)* Gobierno.

otro, las dificultades de administración y funcionamiento de la urbe demandaban nuevas fórmulas políticas e instrumentos operativos que resolvieran cuestiones relativamente nuevas, como la tan necesaria coordinación metropolitana —en un extremo—, o la mayor descentralización hacia el gobierno local —en el otro.

Ante esta situación, el presidente Salinas de Gortari planteó la necesidad de iniciar un proceso de discusión para encontrar una nueva fórmula política que conciliara la posición excepcional del Distrito Federal —como capital del país y sede de los poderes federales— con la legítima aspiración —de los distintos partidos y de los ciudadanos en general— a un régimen más democrático.

El debate no fue sencillo, cualquier ciudad grande en el mundo modifica permanentemente su sistema de gobierno: a veces la tendencia mundial se ha orientado hacia una mayor descentralización, otras hacia mayor unidad de mando y una planeación global más estricta. En ocasiones se ha puesto énfasis en la creación de gobiernos metropolitanos y, en otras, dichas estructuras se han desmantelado.

En la Ciudad de México, el debate ha durado más de un siglo. Desde la Constitución de 1824 —en la que se sentaron las bases especiales para el Distrito Federal—, se ha discutido cómo establecer la compatibilidad entre la presencia de los poderes nacionales y los derechos políticos locales. En 1826 se implantó la figura de un Gobernador designado y se conservaron las antiguas municipalidades en el territorio.

Para diseñar la reforma política del Distrito Federal se concibió un esquema abierto que permitiera la participación de los partidos políticos, de los representantes populares, de las instituciones, de los gremios y de los ciudadanos interesados.

A partir de la 4a. comparecencia del Jefe del Departamento ante la II Asamblea de Representantes —el 21 de abril de 1992— se establecieron los tiempos y procedimientos para la reforma.

Se acordó con los miembros de la Asamblea integrar una Mesa de Concertación que empezó a sesionar el 25 de agosto de 1992, con la participación de 24 representantes de todos los partidos —PRI, PAN, PRD, PFCRN, PARM y PPS—; la Mesa era presidida por el Jefe del Departamento —en calidad de moderador— con un secretario técnico a su disposición. La Mesa de Concertación sesionó durante 13 semanas hasta terminar la iniciativa que fue enviada a la Cámara de Diputados.

A partir de esta Mesa se diseñó un proceso de consulta pública —aprobado por los partidos—, que constaba de 4 mesas de trabajo para el análisis de los siguientes temas: Mesa 1, Forma de Gobierno y Derechos Ciudadanos; Mesa 2, Hacienda Pública y Aspectos Financieros y Económicos del Distrito Federal; Mesa 3, Coordinación Metropolitana, Organización Territorial y Gestión de Servicios; Mesa 4, Procuración y Administración de Justicia.

Las mesas sesionaron en 51 ocasiones, a ellas acudieron 312 participantes que, a título personal o en nombre de instituciones, aportaron sus puntos de vista. Cada mesa contaba con un presidente y un secretario técnico —funcionarios del Departamento del Distrito Federal— y los correspondientes representantes de los partidos políticos.

Al concluir las sesiones, las mesas de trabajo elaboraron sendas relatorías que, una vez aprobadas por los representantes de los partidos, se convirtieron en insumo básico para las propuestas finales de reforma. Dicha propuesta fue presentada por el Jefe del Departamento del Distrito Federal, en su comparecencia del 16 de abril de 1993.

Durante el tiempo que duró el debate la discusión se centró, sobre todo en los medios y ante la opinión pública, en la disyuntiva entre convertir el Distrito Federal en un estado más de la federación, o en permanecer con un gobierno más bien administrativo, no electo y designado por el Presidente de la República.

Como parte de este debate, un grupo independiente formado por 9 asambleístas —2 del PRI, 2 del PAN, 2 del PRD, 2 del PFCRN y 1 del PARM— convocaron a la celebración de un plebiscito para el 21 de marzo de 1993. Dicho plebiscito independiente —no previsto en la legislación vigente— fue respetado por el gobierno de la Ciudad, con el compromiso del Jefe del Departamento de considerar sus resultados en la decisión final sobre la Reforma Política.

La estructura del plebiscito preguntaba:

1. ¿Está usted de acuerdo con que los gobernantes del Distrito Federal sean elegidos por voto universal y secreto?
2. ¿Está usted de acuerdo con que el Distrito Federal cuente con un Poder Legislativo propio?
3. ¿Está usted de acuerdo con que el Distrito Federal se convierta en un estado de la federación?

Participaron en él 328 mil ciudadanos de los más de 4 millones que integran el padrón electoral del Distrito Federal —5.8%—, y los resultados fueron: 85% se pronunciaron en favor de la elección directa,

84% por un Congreso Local y 66.5% en favor del estado 32.

Para el 22 de junio de 1993 la propuesta de reformas a la Constitución estaba lista para ser enviada a la Cámara de Diputados. En esa misma fecha fue presentado, ante la Mesa de Concertación, el Anteproyecto de Decreto de Reformas y Adiciones a la Constitución Política de los Estados Unidos Mexicanos; sin embargo, al estar también sujeta a discusión la reforma política nacional, se decidió convocar un periodo extraordinario de sesiones y esperar los resultados de la Reforma Nacional para plantear entonces la Reforma Política del Distrito Federal. En ese lapso se afinaron las propuestas, entre ellas las relativas a la concertación con el Estado de México sobre un gobierno metropolitano.

Finalmente, el 4 de julio de 1993, la iniciativa de Reforma fue enviada al Presidente de la República para su firma, quien a su vez la remitió a la Cámara de Diputados para su discusión.

Las reformas que fueron aprobadas —con 282 votos a favor y 42 en contra— el 3 de septiembre, consisten en 17 modificaciones a 13 artículos. Los resultados más importantes de dichas modificaciones son:

1) Se concibe un gobierno propio para el Distrito Federal que, más que departamento administrativo o gobierno de una región —como lo son los gobiernos estatales—, es un gobierno de ciudad.
2) Se amplían las facultades de la Asamblea de Representantes con el objeto de que se transforme en un órgano legislativo en materias de interés local.[17]

---

[17] Dichas facultades se refieren a su régimen interno y procedimien-

3) Se establece una fórmula de elección indirecta para el Jefe del Gobierno de la Ciudad que en adelante se denominará Jefe del Distrito Federal. Esta fórmula establece que el Presidente de la República designe —entre los asambleístas, diputados o senadores del partido que haya obtenido la mayoría de asientos en la Asamblea de Representantes— al Jefe del Distrito Federal. Este nombramiento será sometido a la ratificación de dicho órgano —que podrá aprobarlo o no, en un plazo de cinco días. Si no lo fuera, el Presidente presentará un segundo candidato. De no haber ratificación, el Senado hará directamente el nombramiento.

4) Se elegirá, en cada delegación, un consejo ciudadano que intervendrá en la gestión, supervisión, evaluación y, en su caso, consulta o aprobación de los programas que las leyes determinen para las delegaciones.

5) Se establece la facultad del gobierno de la Ciudad para que, en coordinación con la federación

tos administrativos; presupuesto público y privado del Distrito Federal; servicios públicos y su concesión: la explotación, uso y aprovechamiento de bienes del dominio del Distrito Federal; justicia cívica sobre faltas de policía y buen gobierno; participación ciudadana; protección de los derechos humanos, civiles y penales; defensoría de oficio; notariado; protección civil; prevención y readaptación social; planeación del desarrollo urbano y uso del suelo; establecimiento de reservas territoriales; preservación del medio ambiente y protección ecológica; vías públicas, transporte urbano y tránsito; estacionamientos; servicio público de limpia; fomento económico y protección al empleo; establecimientos mercantiles; espectáculos públicos; desarrollo agropecuario; vivienda; salud y asistencia social; turismo y servicios de alojamiento; previsión social; fomento cultural, cívico y deportivo; mercados, rastros y abasto; cementerios y función social educativa en los términos de la fracción VIII del artículo III de la Constitución Política de los Estados Unidos Mexicanos.

y con otros estados, cree comisiones metropolitanas para la atención de problemas comunes como el transporte o la prevención de la contaminación.

6) Se preserva el encargo de la función Judicial en el Distrito Federal a un órgano jurisdiccional específico para este territorio, pero se posibilita que la ciudadanía —a través de su representante en la Asamblea— intervenga en la designación de los magistrados.

7) El Congreso de la Unión expedirá un Estatuto de Gobierno para el Distrito Federal que detallará las disposiciones derivadas de las modificaciones constitucionales.

En materia de protección a los derechos humanos, el 6 de junio de 1990 se publicó en el *Diario Oficial de la Federación* el decreto que crea la Comisión Nacional de Derechos Humanos, con facultad de proteger y salvaguardar los valores de la libertad y la integridad física de los ciudadanos respecto a la actuación de autoridades federales o locales.

El 28 de enero de 1992 se reformó el artículo 102 de la Constitución, para establecer que el Congreso de la Unión y las legislaturas de los estados —en el ámbito de sus competencias— establecieran organismos de protección de los derechos humanos. Como consecuencia, el 24 de julio de 1992 se publicó en el *Diario Oficial de la Federación* la Ley de la Comisión Nacional de Derechos Humanos, que transforma a la Comisión en un órgano descentralizado. Posteriormente los estados de la federación han ido creando sus órganos de protección de derechos humanos.

En el Distrito Federal, desde el 25 de enero de 1989

se había instituido la Procuraduría Social para conocer quejas de particulares contra autoridades del propio Departamento, por actos u omisiones que causen perjuicio a sus derechos ciudadanos. Más adelante se ampliaron sus funciones para ofrecer asesoramiento en materia de condominios y conciliar las diferencias entre condóminos.

Durante algún tiempo se evaluó la posibilidad de transformar a la Procuraduría Social en la Comisión de Derechos Humanos del Distrito Federal —para cumplir con la Constitución—; sin embargo, dada la diferencia de ámbitos y los buenos resultados de la Procuraduría, se decidió formar una entidad independiente.

Así el 22 de junio de 1993 se expidió la Ley de la Comisión de Derechos Humanos del Distrito Federal, publicada en el *Diario Oficial de la Federación* el 22 de junio de 1993.

Con fundamento en la Ley se ha venido diseñando la Comisión, y su primer presidente —propuesto por el Presidente de la República en septiembre de 1993— deberá ser ratificado por la Asamblea de Representantes.

Transporte y vialidad

En materia de transporte y vialidad se ha actuado conforme a los lineamientos del Programa Integral de Transporte. Dentro del Sistema de Transporte Colectivo Metro se ha avanzado en la construcción de la línea "A", la primera con ruedas metálicas y toma de electricidad aérea, dichas condiciones vuelven más económica su construcción y funcionamiento. Desde el inicio de sus operaciones —en 1991— ha transportado a millones de pasajeros que antes se trasladaban en minibuses o autobuses —con un precio elevado para los usuarios y con un alto costo ambiental para la Ciudad.

La línea 8 es la obra del Metro más grande realizada en la Ciudad y representó enormes dificultades de ejecución debido a la necesidad de cerrar —durante varios meses— el acceso al tráfico en determinados kilómetros del Eje Central Lázaro Cárdenas —una de las vías más importantes de la Ciudad.

Para la operación de esta línea, que se inaugurará a mediados de 1994, se han adquirido 135 carros. Su realización incluye estaciones diseñadas especialmente para el tramo del Centro Histórico, la rehabilitación y nueva imagen urbana del Eje Central Lázaro Cárdenas, la construcción de un paso a desnivel en el cruce con Paseo de la Reforma, la conversión a vía rápida de un tramo de la Avenida Francisco del Paso y Troncoso entre Río Churubusco y Plutarco Elías Calles, y la construcción de cinco puentes vehiculares en el cruce con ésta, ya que en ese tramo el Metro irá por superficie.

Al finalizar la presente administración se contará con 37 kilómetros adicionales de Metro, construidos con recursos propios de la Ciudad; para entonces la red total contará con 178 kilómetros —26% más que en 1988. La línea 10 se encuentra actualmente en fase de proyecto.

La empresa estatal de autobuses Ruta 100 llevó a cabo la renovación total de su parque vehicular y, para finales de 1993, se prevé que todos los motores de las 3 500 unidades cuenten además con dispositivos atrapadores de partículas para reducir la emisión de contaminantes a la atmósfera. Esta tecnología mexicana es la más avanzada en la materia.

Para mejorar el servicio a los usuarios y evitar molestias a los vecinos se ha iniciado —en coordinación con el Estado de México— el reordenamiento de rutas y paraderos. También se refuerza la inspección y vigilancia de la seguridad de vehículos, la capacitación de conductores y la observancia de las normas.

En relación con el transporte concesionado se están canjeando todos los taxis y microbuses por nuevos vehículos que incorporan convertidor catalítico. A mediados de 1993, 28 mil 300 vehículos habían sido sustituidos. En una siguiente fase cada dos microbuses serán remplazados por un autobús.

En estos cuatro años y medio el sistema de taxis de la Ciudad pasó de una situación desordenada, ineficiente y de equipos antiguos, incómodos y contaminantes, a una en la que la mayoría de los autos son nuevos y brindan una oferta adecuada a las necesidades de la Ciudad.

El Programa de Vialidad ha estado dirigido a completar obras existentes, a mejorar los accesos a la Ciudad y a resolver los cruceros más conflictivos; además de haber incrementado la capacidad de estacionamientos en las áreas que lo demandaban.

Todos los accesos a la Ciudad se han mejorado: la Avenida Insurgentes Norte —en su conexión con la carretera a Pachuca— se amplió a nueve carriles; en su otro extremo —acceso a la carretera federal a Cuernavaca— se amplió de dos a cuatro carriles a lo largo de 6.2 kilómetros. La Calzada Ignacio Zaragoza —acceso de Puebla por el oriente— se convirtió en vía rápida complementada con seis pasos a desnivel para vehículos; también se concluyó el distribuidor

Reforma-Constituyentes —en el acceso de Toluca por el poniente.

El Anillo Periférico, que llevaba 20 años sin terminarse, quedará completo en 1994: ya se concluyó el tramo del arco-oriente, desde Cuemanco hasta la Calzada Ignacio Zaragoza, con una extensión de 11.2 kilómetros y 6 carriles de circulación; durante 1993 se concluirá el arco-norte en 11 kilómetros, desde la Calzada Ignacio Zaragoza hasta la Avenida Mario Colín en el Estado de México.

Para favorecer el tránsito en la zona oriente de la Ciudad se construyeron 10.5 kilómetros más del Eje Vial 5 Sur tramo oriente, y se amplió el Eje Vial 2 oriente en una longitud de 3.5 kilómetros.

Para resolver los cruceros más conflictivos, en estos cuatro años y medio se han construido 18 pasos a desnivel y están en vías de terminarse 11 más. Los terminados son: Emiliano Zapata, Municipio Libre, y División del Norte sobre la Calzada de Tlalpan; las ampliaciones de Las Flores, Altavista y Ajusco-Cataratas, en el Anillo Periférico; Canal Nacional-Periférico; Eje 2-Canal Nacional; seis que cruzan la Calzada Ignacio Zaragoza; dos que cruzan Francisco del Paso y Troncoso, y uno —deprimido— en Reforma y Eje Central.

A finales de 1993 se concluirá la ampliación del cruce de Avenida Toluca con el Anillo Periférico y los distribuidores Periférico-Las Palmas —en Miguel Hidalgo—, División del Norte-Calzada de Tlalpan, y Circuito Interior-Miramontes —en Coyoacán. Se construyeron también 10 puentes para peatones y el túnel de acceso para el Auditorio Nacional.

Para reordenar el transporte de carga en la zona oriente de la Ciudad se completará la central de carga de Iztapalapa para albergar los cerca de 1 000 camiones de carga, que actualmente ocupan la vía pública en varias colonias de las delegaciones Venustiano Carranza, Iztacalco e Iztapalapa —con el consiguiente desorden y conflicto con las comunidades vecinas.

Por último, dentro de los edificios nuevos se han construido 68 873 espacios para estacionamiento. Además se inició el programa de estacionamientos subterráneos concesionados con la licitación de uno frente al Palacio de Bellas Artes, que albergará 400 automóviles y estará concluido en 1994. Antes de finales de 1993 se licitarán por lo menos otros cinco en las zonas más congestionadas.

Agua y drenaje

El agua será —de manera creciente— un factor limitante para el futuro desarrollo del país. Si no se toman medidas de fondo para corregir esta situación, la escasez del líquido se convertirá no sólo en freno al progreso, sino en amenaza a la salud e incluso a la sobrevivencia de la población. La medida primordial para la conservación y uso racional del agua es orientar a los usuarios a reducir desperdicios utilizando mecanismos y formas de ahorro. Se necesita de la cooperación de todos para cobrar conciencia sobre la importancia de conservar este bien natural.

Es impostergable actuar sobre la reducción de la demanda y no sólo sobre el aumento de la oferta: se requiere cambiar la mentalidad sobre su uso y lograr una mejor relación entre consumo y costo; estos dos aspectos permitirán conservar un bien escaso y proteger el equilibrio ecológico de la cuenca del Valle de México. El programa de uso eficiente del agua contempla mejorar la recaudación, revisar las tarifas, dar mantenimiento a las redes, favorecer el cambio de muebles sanitarios, fomentar el tratamiento y reutilización de agua, y establecer racionamientos selectivos —cuando así lo exija el interés mayoritario. Asimismo, las inversiones de infraestructura que se realicen deberán ser evaluadas con un estricto sentido de equidad en función del número y rezago de los habitantes.

Los componentes y avances del programa son:

1) Protección de las zonas de recarga de los mantos acuíferos.
2) Consolidación de la infraestructura de abasto, distribución y drenaje.
3) Racionalización del consumo y administración de los sistemas.
4) Manejo integral del sistema hidráulico.
5) Ahorro y uso eficiente de agua.
6) Concertación para una nueva cultura del agua.
7) Tratamiento y reutilización.

Protección de las zonas de recarga de los mantos acuíferos

Se han expropiado las zonas más importantes para la mayor infiltración de agua en el subsuelo —tanto en volumen como en calidad.

Consolidación de la infraestructura de abasto, distribución y drenaje

Se han continuado las obras del Sistema Cutzamala para —en 1995— incrementar el suministro en 2 metros cúbicos por segundo; y se han proseguido las obras del Acueducto Perimetral Norte y Sur para abastecer adecuadamente a toda el área metropolitana.[18]

Se ha concluido y puesto en operación la primera etapa de la rama sur con una longitud de 11 mil metros y un diámetro de 4 metros. La segunda etapa de la rama sur —actualmente en construcción— tiene una longitud de 10 900 metros y llegará hasta el Ajusco; la tercera etapa comprenderá hasta las inmediaciones del Teutli —en Milpa Alta—, con una longitud de 21 mil metros.

Respecto a la ampliación del drenaje se ha avanzado en la construcción del drenaje profundo —a la fecha permite su operación en 112.8 kilómetros de túneles—; se han continuado los colectores semiprofundos —están ya en funcionamiento 6 kilómetros de dichos túneles—; se han construido plantas de bombeo, lagunas de regulación, colectores y redes secundarias, dentro de las cuales sobresalen por su importancia: las plantas de bombeo El Hueso y Riachuelo Serpentino —con capacidad de 6 y 20 metros cúbicos por segundo, respectivamente—; las lagunas de regulación de Ciénega Grande, Ciénega Chica y San Lorenzo Tezonco —con capacidad conjunta de 4 millones de metros cúbicos—; los colectores de la zona Pedregales de Coyoacán, el colector Pestalozzi, los colectores en Gustavo A. Madero, Iztapalapa, Tlalpan, Magdalena Contreras, Tláhuac y Xochimilco, y los colectores marginales en cauces, presas y barrancas del

---

[18] El objetivo fundamental del Acueducto Perimetral es lograr una mejor distribución de agua potable en la Ciudad de México y su zona conurbada, para beneficiar a los habitantes ubicados en las zonas de mayor déficit. Se realiza por etapas y cuando una de ellas se concluye se pone de inmediato en operación.

sur, del oriente y del poniente de la Ciudad. También se han construido diversas redes secundarias y la separación —casa por casa— del drenaje sanitario y pluvial en la zona sur. Las anteriores acciones han permitido —en los últimos cinco años— incorporar el servicio de drenaje a un millón de habitantes más.

Para incrementar la eficiencia del drenaje se ha implantado un sistema de transmisión inmediata de los niveles de agua en túneles profundos, presas, cauces y plantas de bombeo, y de los datos de la intensidad pluvial —registrada en 53 sitios.

*Racionalización del consumo
y administración de los sistemas*

Se aumentó la cobertura de la recaudación y se racionalizaron las tarifas con el fin de mejorar la situación financiera de los sistemas, de disminuir el consumo y evitar el desperdicio. El Departamento del Distrito Federal ha adoptado una nueva estrategia tendiente a garantizar el abasto ecológicamente sostenible de agua potable, que consiste en establecer dos medidas:

1) Implantar universalmente un sistema de cobro basado en consumos medidos.
2) Mejorar drásticamente la infraestructura de las redes de distribución, ya que se estiman pérdidas —por concepto de fugas— de más de 30% del abasto.

Para llevar a cabo estas medidas, se promovió la participación —por contrato— de la iniciativa privada, bajo la condición de mantener el control y la responsabilidad por el servicio en manos del gobierno de la Ciudad.

Como resultado de la convocatoria publicada el 13 de noviembre de 1992, se obtuvo la participación de 7 consorcios, constituidos por empresas mexicanas asociadas a compañías europeas con mayor capacidad en el ramo.

Como resultado de la licitación realizada, se asignará un contrato general de una zona a un contratista. Se conformaron cuatro Zonas de Prestación de Servicios, con aproximadamente igual número de tomas, integradas a las Delegaciones Políticas del Distrito Federal.

Con la implantación de este proyecto se espera cobrar por el consumo medido en las tomas del Distrito Federal, que elevará la recaudación de 470 millones de nuevos pesos —en 1992— a más de 1 000 millones —en 1995. Esta suma permitirá invertir 1 500 millones de nuevos pesos en la rehabilitación de la red de distribución.

La implantación del servicio medido y la rehabilitación de la red favorecerán la reducción del abasto de agua a la entidad —de los 35 metros cúbicos actuales a unos 25—, en un periodo de 5 años. Finalmente se pretende reducir para el año 2002 el déficit financiero del sistema.

Manejo integral del sistema hidráulico

Se establecerá, a mediano plazo, una única autoridad metropolitana del agua, con carácter normativo y encargada de jerarquizar y programar las inversiones regionales de agua, drenaje, tratamiento y reuso, así como de definir los lineamientos operativos y las políticas de recaudación. El organismo buscará alcanzar la autosuficiencia en los aspectos técnicos, administrativos, comerciales y financieros relacionados con el sistema hidráulico del Valle de México, y tendrá como objetivo asegurar el abasto en la cantidad y calidad requerida por la población y las actividades productivas.

Ahorro y uso eficiente de agua

Se ha empezado a disminuir el desperdicio provocado por deficiencias en la infraestructura y por la utilización de equipos inadecuados, mediante la sustitución de muebles sanitarios y accesorios hidráulicos de bajo consumo en todo el Distrito Federal; esto implica cambiar alrededor de 2 millones de retretes que utilizan 16 litros por descarga, por los nuevos muebles que solamente requieren 6 litros, con lo que se logrará un ahorro de 4 300 litros por segundo.

La sustitución se realiza en tres etapas: la primera comprendió el cambio de muebles en edificios públicos, iniciada a partir del 1 de julio de 1989; la segunda contempla el sector comercial, industrial y de servicios; y la tercera, al usuario doméstico. Ya se han sustituido 420 mil sanitarios que ahorran más de 80 millones de litros de agua al día y se continúa trabajando dentro de la segunda etapa del programa, la cual concluirá a finales de 1993.

Concertación para una nueva cultura del agua

Implica la transformación de las prácticas cotidianas de todos los ciudadanos: se ha iniciado una campaña permanente de conscientización en el uso eficiente del agua, con especial énfasis en las escuelas y en los medios de comunicación social. Con este propósito se ha establecido un concurso del Superinspector H_2O, donde 120 mil alumnos de escuelas primarias invitan al usuario a valorar la importancia del agua y conocer las medidas más prácticas para ahorrarla y cuidarla dentro de sus casas.

Tratamiento y reutilización

En materia de drenaje se está aplicando estrictamente la reglamentación que sanciona y obliga a las industrias a verter sus aguas residuales con determinada calidad física, química y biológica; y se ha promovido la participación del sector privado en el tratamiento y reutilización de los caudales de agua residual para reciclarla en aquellas actividades que no requieran calidad potable —como el riego de áreas verdes y algunas zonas agrícolas.

SEGURIDAD PÚBLICA Y PROCURACIÓN DE JUSTICIA

La seguridad pública ha constituido una de las más altas prioridades para el gobierno de la Ciudad. La coordinación entre la Procuraduría General de Justi-

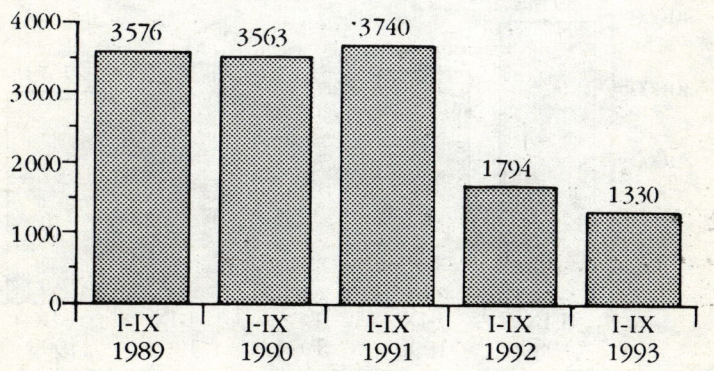

GRÁFICA 28. *Homicidios*

GRÁFICA 29. *Delitos sexuales*

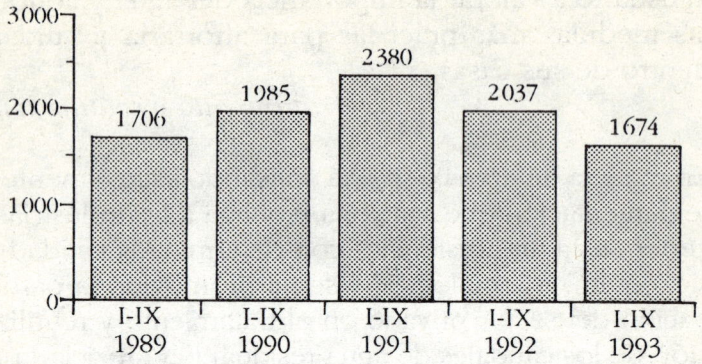

cia y la Secretaría General de Protección y Vialidad, para prevenir y perseguir delitos, ha logrado que los índices delictivos de los primeros nueve meses de 1993 sean ligeramente inferiores a aquellos registrados —en iguales periodos— en 1991 y 1992, y considerablemente inferiores a los de 1989 (véase las gráficas 28-30).

Durante 1989-1993 los índices delictivos tuvieron el siguiente comportamiento: en lo referente a homicidios,

GRÁFICA 30. *Robos*

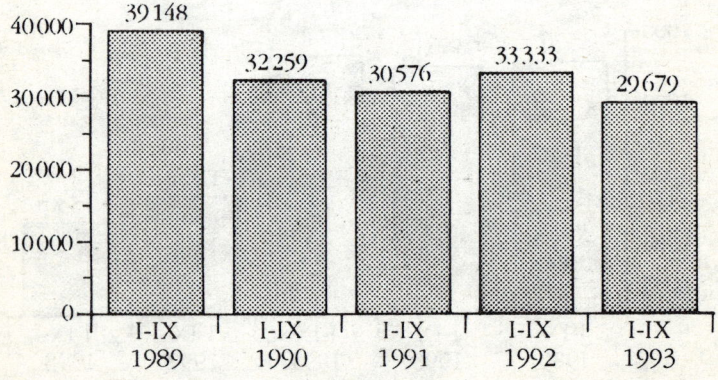

los datos arrojan un decrecimiento durante 1993 de 26% con respecto a 1992 y de 63% con respecto a 1989.

En cuanto a los delitos sexuales, en 1993 se logró un descenso de 2% en comparación con el porcentaje de 1989. Con referencia a 1991 —que fue el año con índices más altos— ha disminuido 30%. En el caso de los robos, de 1989 a 1993 se registró una baja de 24 por ciento.

La estrategia para incrementar la eficacia y avanzar en la profesionalización de los cuerpos policiacos se ha fundado, en primer lugar, en una especialización en la acción preventiva basada en la determinación precisa de la ubicación, horario, género y perfil del delito por colonia y zona de la Ciudad; en la reasignación de elementos y equipo en función de la incidencia delictiva, así como en la presencia de agrupamientos metropolitanos en apoyo a los sectores más conflictivos. A lo largo de esta administración se han adquirido 1 769 patrullas, 3 helicópteros, 193 motocicletas y diversas unidades de apoyo y rescate, además de equipo especializado para protección y vialidad.

En segundo lugar, se ha operado un cambio profundo —para evitar la corrupción— dentro de la Secretaría General de Protección y Vialidad en relación con la administración de recursos, equipo, uniformes, gasolina y materiales. La Academia de Policía garantiza el cumplimiento de los requisitos de ingreso y de ascenso, y cuenta con un sistema de estímulos y reconocimiento a la carrera policial. La Secretaría también ha sido reestructurada con el fin de fortalecer la creciente participación ciudadana, la especialización de funciones, y la vinculación de los sectores de policía a las delegaciones políticas.

Con esta reorganización técnica se ha logrado reducir los índices delictivos en las zonas más críticas, se han incrementado las aprehensiones, y existe mayor presencia policial en las zonas comerciales y en el transporte público.

Para la Delegación Benito Juárez entró en operación un sistema de número telefónico —08— que concentra todos los servicios de emergencia; en el presente se trabaja para ampliarlo a otras delegaciones.

Aunque todas estas acciones eran indispensables no son suficientes. Es imprescindible continuar perfeccionando la organización para lograr reducir de manera permanente los índices delictivos; es necesario un mayor esfuerzo orientado a que los elementos de la policía en servicio conozcan y respeten plenamente los derechos humanos. Para avanzar, la Asamblea de Representantes y la Cámara de Diputados prepararon una Ley de Seguridad Pública —aprobada el 6 de julio de 1993— que delimita el servicio de seguridad pública, precisa los principios de actuación que conforman el código de ética policial, profesionaliza la prestación del servicio, instituye los derechos y obligaciones del policía, y constituye un régimen disciplinario específico para los cuerpos de seguridad pública.

En el ámbito de procuración de justicia se han instrumentado nuevas estrategias para garantizar la seguridad y el imperio de la ley en la Ciudad.

Se han profesionalizado los servicios del Ministerio Público a través de la utilización de tecnología avanzada para la investigación criminológica, la integración automatizada de registros, la dotación de nuevos equipos y sistemas de comunicación. En atención al reclamo ciudadano todas las unidades de Policía Judicial se identifican en forma ostensible.

El establecimiento de reglas para los servicios de seguridad a cargo de particulares, y la integración del padrón de las empresas que los prestan, permiten un mayor control y la plena identificación de los elementos que colaboran en ellas.

En 1993 se creó el Instituto de Formación Profesional que capacita a los aspirantes a policías judiciales y agentes del Ministerio Público; los cursos son impartidos por distinguidos especialistas y juristas, en coordinación con la Comisión Nacional de Derechos Humanos.

Ha entrado en operación un sistema de averiguación previa computarizado que enlaza 27 agencias del Ministerio Público en 11 Delegaciones Regionales.

Se ha puesto especial énfasis en la atención a víctimas de violencia intrafamiliar, a personas extraviadas, y apoyo a víctimas de delitos sexuales a través del Consejo Consultivo de la Procuraduría —integrado por distinguidos penalistas y jueces.

Con el apoyo de los Institutos de Investigaciones Jurídicas, de Biotecnología, y de Investigaciones Antropológicas de la Universidad Nacional Autónoma de México, se trabaja en el mejoramiento de los servicios periciales, en el establecimiento del laboratorio de genética forense y en la elaboración de mejores códigos de fenotipia.

CONCLUSIÓN

Como ha podido apreciarse a lo largo de este libro, existen contados fenómenos tan complejos como una ciudad, y muy pocas de ellas presentan —por su tamaño, velocidad de cambio y situación geográfica— la profusión de problemas de la Ciudad de México.

Como su historia nos muestra, la actual Ciudad es fruto de múltiples condicionantes y de infinidad de decisiones individuales y colectivas, grandes y pequeñas. La comprensión de sus procesos es vía insustituible para explicar la conformación de la urbe, predecir su futuro y, sobre todo, poder guiarlo.

Gobernar y administrar la Ciudad exige —como único método posible— apoyarse en los mejores diagnósticos, estructurar y ordenar su problemática, poseer una visión clara de lo que se persigue, planear las estrategias, y crear las instituciones que permitan sustentarlas —capaces de ir ajustándose a la medida de cada nueva realidad.

Implantar las estrategias solicita, a su vez, entender las reglas de la sociedad y de la política contemporánea mexicanas: sólo es factible su instauración explicándolas, dialogando, convenciendo y concertando hasta vencer resistencias y alcanzar consensos.

Se necesita, además, habilidad para reconocer cuándo aparecen límites insuperables, entenderlos, y fijar los nuevos rumbos o las transformaciones pertinentes; se precisa, para trascenderlos, capacidad de organización y valentía.

Se ha observado que a finales de la década de los ochenta muchos de los sistemas de la Ciudad de México se acercaban peligrosamente a su límite y las principales tendencias eran desalentadoras. En estos años fue menester actuar con energía y vigor para modificarlas e ir encontrando alternativas para las dificultades fundamentales: economía, finanzas públicas, contaminación, seguridad, transporte, vida política.

En numerosos casos se ha logrado revertir las tendencias, en otros se ha detenido su marcha descendente, y en algunos más aún subsisten factores estructurales de decadencia.

Pero, sin lugar a dudas, la experiencia de los años de la administración de Carlos Salinas de Gortari evidencia la posibilidad —en la Ciudad de México como en tantos otros ámbitos del país— de frenar el deterioro y encontrar, aun para los peores dilemas, nuevos cauces y salidas.

Nadie puede negar que, a pesar de sus conflictos, la Ciudad empieza a recuperar su orgullo, la confianza en sí misma, la aptitud para convivir con su geografía, y la viabilidad de crecer económicamente y realizar las inversiones que atiendan las necesidades más urgentes.

Después de haber sido paradigma del desastre urbano, la Ciudad demuestra que, con el esfuerzo de sus habitantes, pueden enmendarse situaciones que parecían insolubles, y comenzar a sentar las bases para una nueva etapa de desarrollo —más estable demográficamente— que le permitirá poder compartir con muchas grandes ciudades las nuevas reglas de convivencia del mundo urbano del siglo XXI.

APÉNDICE

LOS PROGRAMAS Y LOS PROYECTOS

AGUA POTABLE Y DRENAJE

Diagnóstico

Consumo diario de agua en la Zona Metropolitana de la Ciudad de México: 54.5 metros cúbicos por segundo.

Promedio de consumo para todos los usos: 359 litros diarios por habitante en el Distrito Federal; 198 litros diarios por habitante en el Estado de México; 600 litros diarios por habitante en el poniente de la Ciudad; 20 litros diarios por habitante en el oriente de la Ciudad.

Fuentes de suministro: acuíferos del Valle de México 66%; otras cuencas 34%: 14% del Lerma y 20% del Sistema Cutzamala (a 127 kilómetros de distancia).

Tomas domiciliarias: 97% de la población del Distrito Federal; 85% de los municipios metropolitanos.

Sistema de Drenaje: red primaria compuesta por el Sistema General de Desagüe y el Sistema de Drenaje Profundo con una longitud de 1 260 kilómetros; la red secundaria consta de 9 000 kilómetros.

Sistema de Drenaje Profundo: formado por 93 kilómetros de túneles, tiene una profundidad que varía de 22 hasta 217 metros bajo la superficie de esta Ciudad.
Ingresos por el servicio de agua: sólo se recupera 6.67% del servicio.
Sistemas de Recaudación: sólo captan 25 y 30% de ingreso potencial.

OBJETIVOS

1) Propiciar una mayor infiltración de agua al subsuelo tanto en volumen como en calidad.
2) Continuar las obras del Sistema Cutzamala para incrementar el suministro en 2 metros cúbicos por segundo, cada año, hasta 1995; continuar las obras del Acueducto Perimetral Norte y Sur.
3) Aumentar la cobertura de la recaudación y racionalizar las tarifas con el fin de mejorar la situación financiera de los sistemas, disminuir el consumo y evitar el desperdicio.
4) Establecer, en el mediano plazo, una sola autoridad metropolitana del agua, que tendrá carácter normativo y estará encargada de jerarquizar y programar las inversiones regionales de agua, drenaje, tratamiento y reuso, así como de definir los lineamientos operativos y las políticas de recaudación. El organismo buscará alcanzar autosuficiencia en los aspectos técnicos, administrativos, comerciales y financieros —relacionados con el sistema hidráulico del Valle de México—, y asegurar el abasto de agua en la cantidad y calidad requerida por la población y las actividades productivas.

5) Disminuir el desperdicio provocado por deficiencias en la infraestructura y por la utilización de equipos inadecuados en regiones con escasez de agua.
6) En materia de drenaje se aplicará estrictamente la reglamentación que sanciona y obliga a las industrias a verter sus aguas residuales con determinada calidad física, química y biológica; se ha promovido la participación del sector privado en el tratamiento y reutilización de los caudales de agua residual para reciclarla en aquellas actividades que no requieran calidad potable —como el riego de áreas verdes y algunas zonas agrícolas.
7) Este programa demanda una nueva cultura en relación al agua. La transformación debe darse en las prácticas cotidianas de los ciudadanos de todos los sectores sociales, a través de una campaña permanente de conscientización, con especial énfasis en las escuelas y en los medios de comunicación social.

ACCIONES

1) Protección de las zonas de recarga de los mantos acuíferos.
2) Consolidación de la infraestructura de abasto y distribución y drenaje.
3) Racionalización del consumo y administración de los sistemas.
4) Manejo integral del sistema hidráulico.
5) Ahorro y uso eficiente del agua.
6) Concertación social para una nueva cultura del agua.
7) Tratamiento y reuso.

TRANSPORTE

Diagnóstico

En horas de mayor demanda la velocidad baja a un promedio de 7 kilómetros por hora para todos los medios de transporte.
Circulación del Metro: 34 kilómetros por hora.
El sistema de vialidad está constituido por no más de 30 arterias principales.
La longitud total de las rutas de transporte colectivo estatal y privado alcanzó 15 mil kilómetros en 1988.
La red de trolebuses y el Tren Ligero cuenta con 535 kilómetros.
La longitud del Metro es de 178.7 kilómetros de vías dobles.
Las rutas de autobuses de pasajeros son 262.
Las líneas del Metro son 10.
Las líneas de trolebuses son 19.
Tren Ligero consta de una línea.
Las rutas de autobuses operadas por Ruta 100 son 262.

Las rutas de combis son 105, con 745 ramales —162 llegan a estaciones del Metro.
La tarifa de los organismos de transporte, en 1990, fluctuaba entre 300 y 100 pesos. Actualmente es 0.40 nuevos pesos.

ACCIONES

1) Administración del Sistema de Transporte.
2) Reordenamiento territorial en los modos de transporte.
3) Orientación de la expansión del sistema.
4) Impacto social.
5) Financiamiento.

OBJETIVOS

1) Lograr una mejor administración de la infraestructura existente, y formular y aplicar los ordenamientos adecuados a las circunstancias de la Ciudad.
2) Propiciar el reordenamiento de los modos de transporte y los movimientos dentro de la Ciudad.
3) Cumplir los dos propósitos fundamentales de este programa: otorgar mayor peso al transporte colectivo que al individual, y dar preferencia a los modos de transporte colectivo que puedan movilizar grandes volúmenes de personas con menos costo para la sociedad y con la menor contaminación ambiental posible.
4) Concentrar la mayor parte de recursos en las zonas y en la población de menores ingresos para

ir equilibrando gradualmente los costos del transporte: que todo mundo pague igual por el mismo tipo de servicio, y no como ocurre ahora, que por un servicio de menor calidad quienes menos tienen más pagan.

5) Para resolver las cuestiones del mantenimiento mayor, del crecimiento necesario y de la mejoría del servicio que se propone, habrá que contar con una fórmula cuatripartita de financiamiento:

a) Recursos fiscales necesarios para cubrir el subsidio.

b) Inversiones privadas directas y créditos a la inversión privada.

c) Créditos externos, exclusivamente nuevos, asignados a proyectos específicos.

d) La promoción de nuevas fórmulas para que las empresas contribuyan a financiar parte del costo del transporte de sus trabajadores.

DESECHOS SÓLIDOS

El Programa Metropolitano de Desechos Sólidos comprende los objetivos siguientes para 1991-1994.

Objetivos

1) Clausurar 14 tiraderos a cielo abierto.
2) Construir 250 hectáreas de áreas verdes en sitios clausurados.
3) Construir siete rellenos sanitarios —Huixquilucan, Naucalpan, Cuautitlán Izcalli, Tecamac-Zumpango, Bordo Poniente, Nezahualcóyotl, Ixtapaluca.
4) Cierre del relleno Prados de la Montaña.
5) Programas permanentes de monitoreo ambiental.
6) Incrementar infraestructura a 12 800 toneladas en el Distrito Federal —14 estaciones.
7) Construir infraestructura para 6 mil toneladas en el Estado de México —cinco estaciones.

8) Utilizar sistemas de separación, de reducción de volumen, y composteo para su tratamiento.
9) Incorporar la incineración y otros tratamientos.

ACCIONES

1991

1) Clausura de dos sitios de disposición final.
2) Transformación de dos tiraderos.
3) Construcción de tres rellenos sanitarios.
4) Adecuación y ampliación de tres estaciones de transferencia.

1992

1) Clausura de dos sitios de disposición final —Prados de la Montaña y Santa Catarina.
2) Construcción de tres rellenos sanitarios metro-

CUADRO 8. *Tiraderos clausurados y transformados en áreas verdes, 1989-1993*

(Millones de pesos)

Sitio	Hectáreas	Presupuesto		
		1989-1991	1992	1993
Prados de la Montaña	50	894.1	4 880.6	3 876.9
Santa Catarina	46	894.1	7 756.0	3 876.9
Alameda oriente (ex tiradero Santa Cruz)	90	18 540.9	11 582.8	9 009.1
Atizapán	18	2 846.0	4 576.2	
Naucalpan	25	4 814.4	6 933.6	
Nezahualcóyotl	52	10 044.8	4 655.2	

politanos —I etapa de Ixtapaluca y de Chimalhuacán y IV etapa de Bordo Poniente.
3) Operación de rellenos sanitarios —Bordo Poniente IV etapa, primera fase de Huixquilucan y de Ixtapaluca.
4) Operación de 699 111 toneladas de basura mediante el sistema de transferencia.
5) Iniciación de la construcción de una planta de tratamiento.
6) Adecuación y ampliación de seis estaciones de transferencia —Coyoacán, Benito Juárez, Cuauhtémoc, Miguel Hidalgo, Venustiano Carranza y Central de Abastos.

1993

1) Construcción de dos rellenos sanitarios
2) Continuación de la construcción del sistema de tratamiento.
3) Adecuación y ampliación de tres estaciones de transferencia.

CONTAMINACIÓN ATMOSFÉRICA

La Ciudad de México está instrumentando un "Programa Integral Contra la Contaminación Atmosférica" (PICCA). Es una estrategia que nació de un diagnóstico ambiental detallado, de un análisis de las opciones técnicas, del desarrollo de esquemas de financiamiento viables y de la necesidad de realizar una amplia concertación social para asegurar el éxito de su instrumentación. Dicho programa es coordinado por la Comisión Metropolitana para la Prevención y Control de la Contaminación Ambiental en el Valle de México.

Sólo hasta finales de 1986 se contó con una red automática de monitoreo atmosférico. Después de la primera mitad de 1987 se obtuvieron datos confiables acerca de los niveles de contaminación en el aire, que facilitaran la posibilidad de aplicar responsabilidades jurídicas. Hacia mediados de 1988, finalmente se agregó a la Constitución Política la Ley General del Equilibrio Ecológico y Protección al Ambiente. A partir de esta Ley se inició el desarrollo y la expedición de las normas técnicas ecológicas que establecen los límites precisos a la generación de contaminantes.

Diagnóstico

Fuentes: polvos y partículas de origen natural, y consumo de hidrocarburos.
Consumo diario: 43 millones de litros de hidrocarburos y 600 toneladas de solventes.
Situación geográfica: valle cerrado a 2 250 metros sobre el nivel del mar, con una población de 15 millones de personas, en un área de 1 250 kilómetros cuadrados; 3.3 millones de vehículos, 30 mil industrias y servicios.

Objetivos y acciones

1) Educación Ambiental y Participación Ciudadana.
2) Calidad Ambiental de los Combustibles.
3) Mejor transporte colectivo y transporte individual más limpio.
4) Modernización de la industria incluido el control de sus emisiones contaminantes.
5) Restauración ambiental del valle.

Se han llevado a cabo muchas otras medidas, como el cierre de la Refinería Petrolera 18 de Marzo, y la construcción de nuevas vialidades para evitar congestionamientos vehiculares. Aún queda por controlar el problema del ozono. Este elemento es el contaminante más difícil de reducir puesto que se genera a partir de la quema de todos los combustibles.

Durante el periodo invernal, comprendido entre el 1 de diciembre de 1992 y el 31 de marzo de 1993, se aplicaron 10 medidas de reducción de la contaminación además de las incluidas originalmente en el Programa Integral contra la Contaminación Atmosférica en la Zona Metropolitana de la Ciudad de México, y que son las siguientes:

1) Reformulación de gasolinas.
2) Abastecimiento de diesel especial.
3) Reducción de 25% del consumo de combustibles en las termoeléctricas del Valle de México, durante el periodo invernal.
4) Vigilancia aérea para detectar la quema de materiales a cielo abierto, así como las emisiones industriales y de establecimientos de servicio ostensiblemente contaminantes.
5) Reforzamiento del programa de verificación industrial.
6) Retiro de vehículos ostensiblemente contaminantes.
7) Modernización del programa de verificación vehicular.
8) Fortalecimiento de las acciones del Sistema Nacional de Salud.
9) Exención del Programa "Hoy no circula" a transporte escolar y de trabajadores.
10) Horario escolar flexible en la Zona Metropolitana y Programa de Protección Ambiental en las Escuelas.

VIVIENDA

Diagnóstico

En el Distrito Federal habitan 8.2 millones de personas en 1.8 millones de viviendas. A pesar, de su compleja problemática, la situación de la vivienda ha ido mejorando en las últimas décadas a través de la acción de los institutos de vivienda, de la reconstrucción de 90 mil viviendas después del sismo de 1985, y de la regularización masiva de la tenencia de la tierra.

Se estudia construir 5 mil viviendas, de las cuales 70% tendrá un costo de 60 mil nuevos pesos. Viviendas que estarán al alcance de familias con ingresos de hasta 3 salarios mínimos mensuales.

Propietarios en 1970: 37.5% de los trámites.
Propietarios en 1990: 655 de las familias.
Densidad por vivienda: 4.57 habitantes.
Promedio de cuartos en 1970: 2.9.
Promedio de cuartos en 1990: 3.9.

La demanda de vivienda en estos años será la más alta en la historia de la Ciudad: están entrando al mercado de habitación propia aquellos nacidos en la década de los sesenta, cuando la Ciudad crecía a tasas de alrededor de 5% anual. También, la extensión de las familias se reduce y la tasa de divorcios es comparable a las que tuvieron los países europeos o los Estados Unidos hace un par de décadas.

Existen cerca de 30 mil viviendas en vecindades ruinosas y ciudades perdidas en las zonas centrales. La construcción de nuevas viviendas enfrenta la escasez de suelo y su consiguiente alto costo, aparte de un financiamiento caro y todavía difícil de obtener por la mayoría de las familias. Además de que en ocasiones los proyectos de vivienda enfrentan la oposición de las comunidades cercanas.

Para mitigar dicha problemática en este año se está instrumentando el programa de vivienda más ambicioso desde los sismos de 1985.

ACCIONES

Dentro de este programa los distintos organismos y la iniciativa privada terminarán y entregarán durante el año 32 473 viviendas nuevas: FIVIDESU/FOVI, 7 371; FONHAPO, 5 775; INFONAVIT, 3 508; FOVISSSTE, 2 396; FICAPRO, 1 633; CFE, Pemex, FOVIMI e ISSFAM, 790; promotores privados de vivienda, 11 mil.

En apoyo a este programa se han diseñado un conjunto de instrumentos que permiten abaratar la vivienda al acelerar la tramitación de licencias y permisos y al otorgar facilidades administrativas y subsidios fiscales a la vivienda cuyo costo final no supere las

180 veces el salario mínimo del Distrito Federal y 236 para el Centro Histórico.

Los avances en la materia son los siguientes: subsidio por 9.85 millones de nuevos pesos que permiten beneficios a 13 435 familias; subsidios para servicios de agua y drenaje: 6.66 millones de nuevos pesos; subsidio para licencias de construcción: 785 mil nuevos pesos; proyectos: 85.

La política de redensificación habitacional y la reducción del requerimiento de cajones para estacionamiento, han posibilitado la construcción de 97 611 viviendas en lugar de 46 632 que autorizaban los programas parciales.

Para disminuir sensiblemente los costos del suelo y volverlos accesibles a los sectores populares que más lo requieren, se aplica el avalúo social por parte del Departamento del Distrito Federal en los predios que se enajenan en favor de organizaciones de vivienda. Este mecanismo ha autorizado la desincorporación de 750 729 metros cuadrados, y toma como base del precio de venta, el nivel de ingresos y la capacidad de pago de cada familia.

Durante 1992 las organizaciones sociales de vivienda realizaron 331 marchas o plantones en el Distrito Federal, 75% del total de las efectuadas durante ese año. La gran mayoría de ellas demandaban atención y agilización a sus trámites, que en su mayoría son complicados y largos, e implican la coordinación y la participación de diferentes áreas del Departamento del Distrito Federal.

En respuesta a esta situación, el 16 de marzo del presente comenzaron a operar las Mesas de Proyectos con la participación —en una sola instancia— de los demandantes de vivienda y las áreas responsables. En

6 meses se han desarrollado 26 sesiones generales de trabajo, en las que —de manera concertada— se asumieron con las organizaciones, 1 427 compromisos de diversa índole; ya se han cumplido 1 038 y faltan aún 389, que deberán atenderse a la brevedad. Este método de trabajo ha permitido avanzar en la solución de los problemas inmediatos que presenta cada proyecto, pero es necesario redoblar esfuerzos con objeto de que los proyectos que así lo requieran, puedan contar con la licencia de construcción correspondiente para el inicio de obras.

REVITALIZACIÓN DEL CENTRO HISTÓRICO

Diagnóstico

La Ciudad de México cuenta en su zona Central, con el área de monumentos históricos más importantes, en cantidad y calidad arquitectónica del Continente Americano. Ahí se fundaron la primera universidad y la primera imprenta de América, y el Centro Histórico es el principal espacio simbólico de la Ciudad de México y del país. El 11 de abril de 1980, fue declarada, por decreto presidencial, "Zona de Monumentos Históricos". Asimismo, el 8 de diciembre de 1987 la UNESCO declaró esta zona como "Patrimonio Histórico y Cultural de la Humanidad" reconociendo su importancia a nivel mundial.

El Centro Histórico está dividido en dos perímetros concéntricos: el Perímetro "A" con 3.2 kilómetros cuadrados, que abarca la superficie que cubrió la ciudad prehispánica y su ampliación virreinal hasta la guerra de Independencia, y en el que se encuentran 1 534 edificios históricos catalogados; y el Perímetro "B",

GRÁFICA 31. *Perímetros "A" y "B" del Centro Histórico*

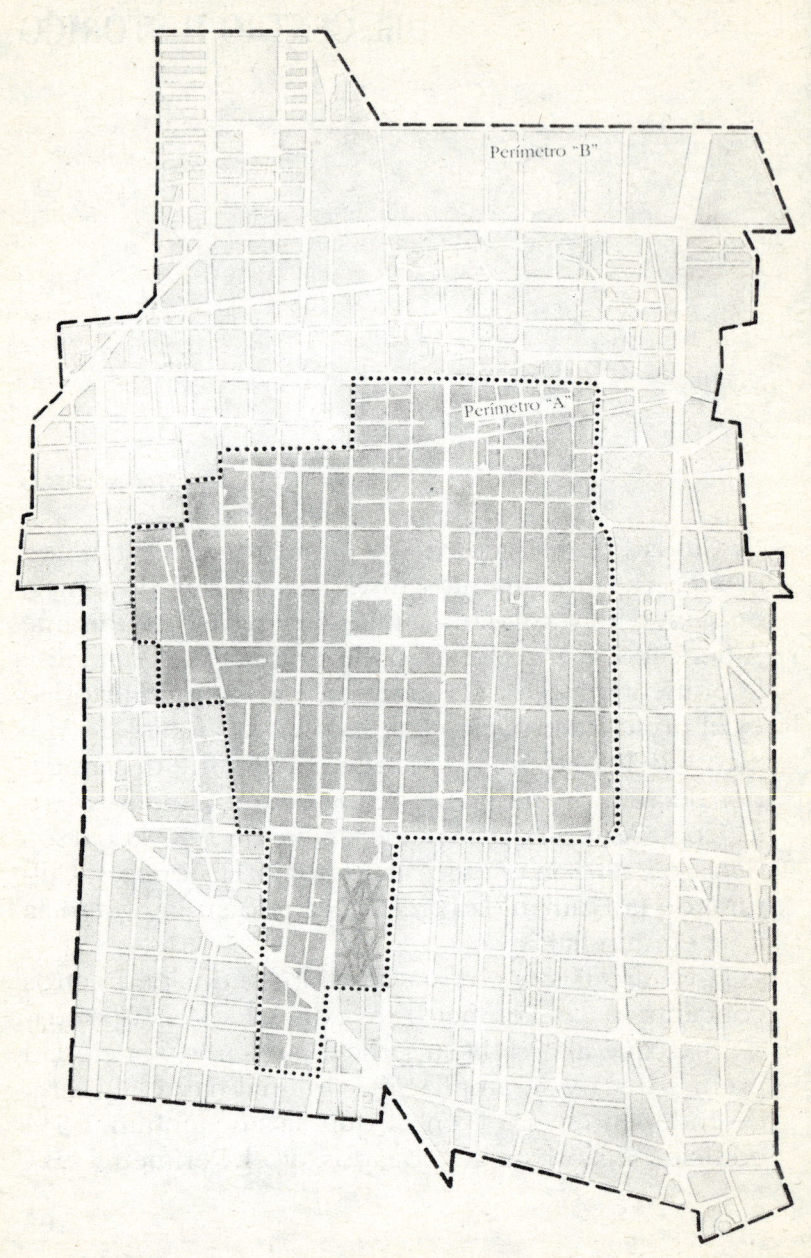

que cubre las ampliaciones de la Ciudad hasta finales del siglo XIX, con una superficie de 5.9 kilómetros cuadrados (véase la gráfica 31).

Esta área de la Ciudad, la más antigua e importante del Continente Americano, presentaba un grave estado de deterioro físico y social, por lo que el gobierno de la Ciudad de México inició un programa de revitalización y restauración del mismo, con la participación de las organizaciones sociales, públicas y privadas de la Ciudad; esta iniciativa ha generado un gran interés, que ha permitido revertir la tendencia de deterioro en que se encontraba. En diciembre de 1991 se constituyó el Patronato del Centro Histórico, A. C., integrado por distinguidos ciudadanos decididos a contribuir para que el centro de la Ciudad pueda tener vida propia.

ACCIONES

Mediante un mecanismo denominado Transferencia de Potencial —que funciona a través de un Fideicomiso establecido en NAFINSA—, inmuebles de distintas zonas del Distrito Federal han comprado potencial de desarrollo por más de 75 mil metros cuadrados a un costo de 45 millones de nuevos pesos.

Estos recursos se han aplicado a financiar total o parcialmente la restauración de 27 inmuebles históricos entre los que destacan el Antiguo Colegio de San Ildefonso, el Museo Cuevas en el Antiguo Convento de Santa Inés, el Palacio Postal, el Coro de Santo Domingo, las Cárceles de la Perpetua y ahora la Casa de las Ajaharacas en la esquina de Guatemala y Argentina.

El programa, a dos años de haberse puesto en marcha ha logrado que actualmente estén en restauración 558 inmuebles, con una inversión de 1 900 millones de nuevos pesos.

Otros edificios en restauración incluyen el Antiguo Colegio de Niñas y el Antiguo Hospital de Betlemitas, el Antiguo Arzobispado, la primera imprenta y la primera universidad, la Antigua Escuela de Jurisprudencia y la Antigua Aduana, la Catedral y el Palacio Nacional. Calles enteras como Tacuba, 5 de Mayo y Madero se encuentran sujetas a procesos de remodelación integral que incluyen no sólo fachadas sino banquetas y mobiliario urbano.

Por otro lado, se han terminado 17 mercados en el Perímetro "A", que junto con otros que se construirán fuera del Centro Histórico, permitirán reubicar a todos los comerciantes ambulantes de esta zona patrimonial.

Finalmente, lo más importante para revertir el proceso de deterioro del Centro Histórico es lograr la regeneración o construcción de vivienda: impulsar a las familias que abandonaron el Centro hace muchos años a volver a él. Afortunadamente se está logrando: no sólo la magnífica casa de Seminario 12 está totalmente restaurada y las 21 viviendas que realizó el INFONAVIT en la calle República de Brasil, sino que en Donceles 67 se restaura un edificio que habrá de albergar 22 viviendas; en Mesones 189, otro con 14 viviendas; también en la Casa de las Ajaharacas habrá 14 departamentos para intelectuales y artistas; y en Leandro Valle 6 y 8, otros 12. Son todavía muy pocas viviendas, pero significan el inicio de un proceso.

RESCATE ECOLÓGICO DE XOCHIMILCO

Diagnóstico

La Ciudad de México ha sufrido inmensas transformaciones en su territorio. En tiempos pasados estaba rodeada por cinco lagos, que fueron absorbidos paulatinamente por el crecimiento de la metrópoli. En nuestros días sólo existen vestigios de aquellos lagos en Texcoco, Zumpango y Xochimilco. Ante la necesidad de mejorar la calidad de vida y la ecología ha sido necesario regenerar la zona de Xochimilco, que había estado sujeta a un proceso de degradación causado por la contaminación del medio ambiente y las aguas de sus canales, por el abandono de las prácticas de cultivo, la disminución de la actividad turística y el avance implacable de la mancha urbana.

Localización

Los terrenos destinados para el conjunto del Programa de Xochimilco suman un área de 1 390 hectáreas.

Xochimilco

Objetivos

1) Construir lagunas de regulación que eviten inundaciones en la delegación.
2) Incrementar la recarga acuífera y preservar los mantos existentes.
3) Prevenir mayores hundimientos diferenciales.
4) Incrementar la superficie hidroagrícola bajo el sistema de chinampas.
5) Mejorar la calidad ecológica de lagos y canales.
6) Organizar los usos del suelo para evitar la expansión del área urbana.
7) Abrir espacios verdes y turísticos para el sureste de la Ciudad.
8) Formular una instrumentación jurídica conveniente para conciliar los intereses y objetivos entre pueblo y gobierno.
9) Ampliar la planta de tratamiento de aguas residuales del Cerro de la Estrella —agua tratada a nivel terciario— de un metro cúbico por segundo a 3 metros cúbicos por segundo.
10) Controlar los drenajes de la zona montañosa de la delegación.

Proyecto Parque Natural Xochimilco

Los terrenos destinados para el conjunto del Parque Natural Xochimilco suman un área de 318.14 hectáreas. El objetivo general del Parque Natural Xochimilco es dotar a la Ciudad de México de un parque natural, botánico, histórico-cultural, arqueológico, deportivo, recreativo; y de un mercado de plantas y flores, dentro de un marco ecológico con predominancia de espa-

Xochimilco

cios abiertos verdes y acuáticos. El Parque Natural Xochimilco se diseñó dentro del contexto paisajístico y ambiental de Xochimilco. Además de este objetivo, el propósito es contar con un Parque Natural donde abunden las áreas verdes y acuáticas, con pocos elementos arquitectónicos —ni sobresalientes ni monumentales—, sin grandes zonas pavimentadas como estacionamientos, vialidades o plazas. La intención es ofrecer a la ciudadanía un parque que pueda ser disfrutado por distintos grupos sociales y de interés cultural, turístico y de esparcimiento.

ZONAS ESPECIALES
DE DESARROLLO CONTROLADO

DIAGNÓSTICO

Son instrumentos normativos en apoyo a la planeación de la Ciudad de México, aprobados e incorporados por primera vez dentro del Programa de Desarrollo Urbano Delegacional en su versión 1987.

OBJETIVOS

Llevar la planeación urbana de zonas específicas de la Ciudad a mayor detalle, utilizando principalmente cartografía urbana actualizada en una escala de 1:2 000 con el fin de establecer propuestas zonales y/o a nivel de predio. Su política puede ser de control, fomento o desalojo.

ACCIONES

A la fecha se han desarrollado, autorizado y oficializado un total de 22 zonas especiales de desarrollo con-

CUADRO 9. *Zedec desarrolladas, autorizadas y oficializadas*

	Delegación	Fecha de autorización
Mesa Los Hornos	Tlalpan	1990
Polanco	Miguel Hidalgo	1991
Fuentes Brotantes	Tlalpan	1991
Bosques de las Lomas	Miguel Hidalgo	1992
Colonia Florida	Álvaro Obregón	1992
Lomas Altas, Real de Lomas, Lomas Reforma, Plan de Barrancas	Miguel Hidalgo	1992
Lomas de Chapultepec	Miguel Hidalgo	1992
San Ángel, San Ángel Inn y Tlacopac	Álvaro Obregón	1993
Insurgentes Mixcoac	Benito Juárez	1993
Romero de Terreros	Coyoacán	1993
San Miguel Teotongo	Iztapalapa	1992
Campestre Estrella	Iztapalapa	1993
Bezares	Miguel Hidalgo	1993
Zona Centro de Tlalpan	Tlalpan	1993
Parques del Pedregal	Tlalpan	1993
El Molino	Iztapalapa	1993
Chimalistac y Hacienda de Guadalupe Chimalistac	Álvaro Obregón	1993
Colonia Jaime Torres Bodet	Tláhuac	1990
Tlalpuente	Tlalpan	1990
Zentlápatl	Cuajimalpa	1991
8 manzanas Cabecera Cuajimalpa	Cuajimalpa	1991
Héroes de 1910	Tlalpan	1991

CUADRO 10. *Zedec en proceso de concertación*

	Delegación
Tizapán	Álvaro Obregón
Jardines del Pedregal	Álvaro Obregón
Insurgentes San Borja	Benito Juárez
Ampliación Nápoles	Benito Juárez
Colonia Valle Norte	Benito Juárez
Colonia Valle Centro	Benito Juárez
Colonia Valle Sur	Benito Juárez
San José Insurgentes	Benito Juárez
Centro Histórico de Coyoacán	Coyoacán
Colonia del Carmen	Coyoacán
Colonia Cuauhtémoc	Cuauhtémoc
Colonia Condesa	Cuauhtémoc
Bosques de las Lomas	Cuajimalpa
Lomas de Vista Hermosa	Cuajimalpa
Colonia Anzures	Miguel Hidalgo
Colonia Irrigación	Miguel Hidalgo
Santa Úrsula Xitla	Tlalpan

trolado, que corresponden a la descripción que se presenta en el cuadro 9.

Asimismo, se encuentran actualmente en proceso de concertación un total de 17 Zedec que se enlistan en el cuadro 10.

PROGRAMA PARA EL CINTURÓN VERDE DE LA CIUDAD

DIAGNÓSTICO

Debido al acelerado crecimiento del área urbana continua, tanto en territorio del Distrito Federal como en los municipios metropolitanos del Estado de México —que ha sobrepasado todos los límites deseables—, se ha vuelto imperativo limitar el crecimiento proponiendo usos no urbanos en torno al área urbana actual: un anillo con un radio entre 20 y 50 kilómetros a partir del centro de la Ciudad.

OBJETIVOS

Configurar una zona periférica en donde se asegure la conservación de los recursos naturales, se protejan los suelos, se garantice la recarga de mantos acuíferos, se contenga la expansión de la urbe y se ofrezcan oportunidades recreativas a la población. Estos espacios se han denominado "Cinturón Verde". Para lograr estos objetivos, en esta administración se ha seguido

Cuadro 11. *Superficie expropiada*

Zona	Hectáreas	Observaciones
Ajusco Medio	727.60	Representa gran importancia en el sistema hidrológico del Valle por ser zona de recarga de los mantos acuíferos, además del Ecosistema aún existente en el área. Con un uso específico para el Parque Ecológico, tendrá actividades recreativas y de esparcimiento ligadas al concepto ecológico de conservación, investigación y restauración.
Xochimilco	1 038.00	Declarada recientemente por la UNESCO "Patrimonio Histórico y Cultural de la Humanidad", es parte fundamental en el ámbito ecológico de su entorno y fuente de producción agrícola y agua potable; además, es el único vestigio de la cultura lacustre prehispánica.
Sierra de Guadalupe	683.95	Rescate para área natural protegida.
Cerro de la Estrella	143.14	Cuenta con antecedentes prehispánicos. Fueron acordadas como áreas de conservación ecológica.
La Draga	150.10	Rescate para área natural protegida.
Total	2 742.79	

GRÁFICA 32. *Expropiaciones para el Cinturón Verde*

la política de expropiar los terrenos privados o de propiedad social más sujetos a presión y que abarcan hasta ahora más de tres mil hectáreas.

Acciones

En una primera etapa se realizaron las expropiaciones que se enlistan en el cuadro 11.

METRO LÍNEA "A".
PANTITLÁN-LOS REYES-LA PAZ

El 12 de agosto de 1991 se suscribió el acuerdo de coordinación entre los gobiernos del Estado de México y el Distrito Federal para el establecimiento y regulación de acciones entre ambas entidades, relativas a la construcción, operación y mantenimiento de instalaciones y equipo, así como del funcionamiento de paraderos y estacionamientos.

Una vez que el acuerdo entró en operación la Calzada Ignacio Zaragoza se ha convertido en una vía de acceso controlado, desde su entronque con la carretera México-Puebla hasta la Avenida Río Churubusco, que agiliza el acceso de vehículos provenientes de Tlaxcala, Puebla y Cuautla, y favorece a los conductores que vienen del oriente y cruzan la Ciudad con destino a Toluca, Querétaro y Pachuca.

Esta línea cuenta con 10 estaciones: Pantitlán, Agrícola Oriental, Canal de San Juan, Tepalcates, Guelatao, Peñón Viejo, Acatitla, Santa Martha, Los Reyes, La Paz.

Asimismo se realizaron obras viales tales como:

Metro línea "A"

1) Paradero para autobuses de Santa María
2) Paradero para autobuses en La Paz
3) 21 puentes peatonales (11 nuevos y 10 reconstruidos)
4) Reurbanización de 10 kilómetros de la Calzada General Ignacio Zaragoza y construcción de 6 kilómetros de vialidad coincidente.

PROGRAMA

Inicio del proyecto: 1977.
Inicio de la construcción: 13 de abril de 1987.
Inicio de operación: agosto de 1991.
Datos técnicos: longitud, 17 kilómetros (13 en el Distrito Federal y 4 en el Estado de México).
Estaciones: dos terminales, tres transbordos, y cinco de paso.
Capacidad: 1 800 personas por tren de 9 carros.
Empleos generados: 16 mil directos y 16 mil indirectos.

En 1991 transportó —de agosto hasta diciembre— a 13.3 millones de pasajeros que depositaron su boleto. Sin embargo, si se toman en cuenta los usuarios que llegaron por las líneas 1, 5 y 9, esta cifra asciende a 26.6 millones de pasajeros transportados. Cabe señalar que inició su operación con sólo 10 trenes en formación de 6 carros y que, a partir de septiembre, se incorporaron al servicio 2 trenes más.

En 1992 los pasajeros transportados fueron 48 746 544, con un promedio de 147 374 pasajeros por día laboral, y con un total de 2 815 094 kilómetros recorridos en servicio, con 120 carros.

Metro línea 8

METRO LÍNEA 8.
CENTRO HISTÓRICO-IZTAPALAPA

La línea 8 del Metro, en la medida que continúe la expansión de la red, se orienta a convertirse en una de las principales líneas del Sistema de Transporte Colectivo de la Ciudad de México, ya que conectará con 9 de las 15 líneas en operación estimadas para el año 2010. Permitirá la comunicación directa con el Centro Histórico desde el norte de la Ciudad y, a su vez, con la zona suroriente.

Desde su inicio, en la primera etapa, permitirá aliviar aquellas líneas más saturadas como la 1 y la 2, y fortalecerá las líneas 4 y 9, y beneficiará en forma directa una población aproximada de medio millón de habitantes.

La línea 8, en su primera etapa, cuenta con 19 estaciones: Garibaldi, Bellas Artes, San Juan de Letrán, Salto del Agua, Doctores, Obrera, Chabacano, La Viga, Santa Anita, Coyuya, Iztacalco, Apatlaco, Aculco, Escuadrón 201, Atlalilco, Iztapalapa, Cerro de la Estrella, La Purísima y Constitución de 1917.

Al principiar su operación la línea 8 tendrá una ca-

Excavación de la línea 8 del Metro sobre Eje Central

pacidad inicial de transporte de 32 mil pasajeros-hora-sentido con la posibilidad de aumentarla hasta 60 mil.

Para el correcto funcionamiento vial se están construyendo siete pasos a desnivel, seis de los cuales se elevarán sobre el Eje 3 Oriente y uno deprimido en la Glorieta de San Martín, dichos puentes son: Coyuya, Tezontle (terminado), Purísima, Circuito Interior (terminado), Aculco, y Eje Central (terminado).

Además se construirán 6 puentes peatonales integrados a los extremos de los puentes vehiculares.

PROGRAMA

Inicio del proyecto: septiembre 1990. Inicio de la construcción: septiembre 1991. Inicio de operación: segundo semestre de 1994.

Datos técnicos: longitud, 20.7 kilómetros; 1 terminal definitiva (Constitución de 1917); 1 terminal provisional (Garibaldi), 4 estaciones de correspondencia, 13 estaciones de paso.

Capacidad: 1 500 personas por tren de 9 carros.

Número de empleos generados: 20 mil directos y 20 mil indirectos.

Auditorio Nacional

AUDITORIO NACIONAL

El Auditorio Nacional fue construido originalmente en la segunda mitad de la década de los cuarenta: fue un picadero descubierto para deportes ecuestres, realizado en homenaje al equipo mexicano de equitación, que ganó la medalla olímpica de oro en este deporte.

PRINCIPALES ACCIONES

Reacondicionamiento: 10 mil metros cuadrados originales en 18 meses.
Construcción nueva: 20 mil metros cuadrados adicionales.
Inversión del Departamento del Distrito Federal: 25 millones de dólares.[1]

---

[1] Óscar Elizundia Treviño, coordinador ejecutivo del fideicomiso para el uso y aprovechamiento del Auditorio Nacional, señala: "En términos relativos, en su primer año de operaciones, el Auditorio generó impuestos locales que sumaron casi 15% de la inversión que el gobierno de la Ciudad erogó para el inmueble, y en impuestos federales se tienen

Proyecto y supervisión: Arquitectos Teodoro González de León y Abraham Zabludovsky.
Obra: A cargo del Departamento del Distrito Federal.
Capacidad del estacionamiento: Cubierto para 600 automóviles. Se acondicionó otro descubierto para 1 000 automóviles.
La sala cuenta con: Recubrimiento de material acústico; provista de moderno sistema de lavado del aire; una consola de sonido de 40 canales. La mecánica teatral tiene 50 varas para la tramoya, de las cuales 6 son eléctricas. El foso de la orquesta tiene capacidad para 100 intérpretes. Capacidad de 10 mil butacas.

Dentro de la tridilosa recubierta de cristal templado de 3 500 metros cuadrados que cubre el vestíbulo fue colocada una escultura de Vicente Rojo; en la explanada exterior una escultura de Juan Soriano; la placa inaugural —una escultura de bronce de 1.5 por 1.5 metros— fue realizada por Gabriel Macotela.

El nuevo sistema de taquilla computarizada y el sistema de boletaje electrónico brindan la posibilidad de adquirir boletos vía telefónica y recibirlos a domicilio.

El Auditorio Nacional ha contado, desde su reinauguración, con la presencia de figuras de la talla de Plácido Domingo, Paul Simon, Juan Luis Guerra, el Grupo Chicago, Vicente Fernández, American Ballet Theatre, Rocío Dúrcal, Roxette, B. B. King, Ray Charles, Ballet Bolshoi y la orquestas filarmónicas de Londres e Israel, entre otras. Su virtud es atraer a la Ciudad los mejores espectáculos de México y del

provisionados más de un millón de dólares. Operamos absolutamente con recursos propios."

mundo: su vocación es fundamental para las artes escénicas y musicales.

Finalmente, cabe destacar que el Auditorio Nacional se ha situado, por segundo año consecutivo, en el tercer lugar mundial de ventas y asistencia, apenas por debajo de dos locales neoyorkinos similares: el Radio City Music Hall y el Paramount.

ZOOLÓGICO DE CHAPULTEPEC

Diagnóstico

El Zoológico de Chapultepec fue cerrado al público el 24 de junio de 1992, después de casi setenta años de operación, debido a las malas condiciones en que se encontraban tanto las áreas de confinamiento de los animales, como las áreas públicas —estas últimas cubrían cerca de 80% de la superficie con pavimentos.

Acciones

Actualmente se realizan trabajos de diseño arquitectónico y de exhibiciones, demoliciones, topografía, mecánica de suelos y construcción de nuevos albergues.

El plan maestro consta de cuatro fases en las cuales se agruparán los animales por clima, con particular atención a los aspectos ecológicos y especial énfasis a las especies mexicanas, sobre todo a aquellas en peligro de extinción.

El proyecto arquitectónico está a cargo del arquitecto Ricardo Legorreta y el financiamiento lo realizan el sector privado y el gobierno de la Ciudad de México. El nuevo diseño del Zoológico contempla la construcción de un hábitat más natural, con refugios modernos y funcionales que facilitan la observación de los animales, para que el Zoológico acentúe su función no sólo de divertir, sino de educar y promover una cultura ecológica.

La reinauguración de este tradicional Zoológico está prevista para el último trimestre de 1993.

PROYECTO MUSEO DEL NIÑO

En 1991 se inició la construcción del Papalote Museo del Niño, en los terrenos donde se ubicaba la Fábrica Nacional de Vidrio y en un predio cedido por el Estado Mayor Presidencial.

OBJETIVOS

1) Promover una participación interactiva que desarrolle la creatividad del niño.
2) Crear un espacio popular accesible que fomente la integración familiar.
3) Incrementar el conocimiento y el amor de los niños hacia el mundo que los rodea y estimular la protección del medio ambiente.
4) Integrar la ciencia, el arte y la diversión en un todo indivisible que inspire respeto por la convivencia humana.

Museo del Niño

Para la construcción y funcionamiento de Papalote y su futura operación, se creó un patronato privado. El proyecto arquitectónico está a cargo del arquitecto Ricardo Legorreta.

Santa Fe

SANTA FE

Diagnóstico

Considerada como la zona más deteriorada del Distrito Federal debido a las minas, tiraderos de basura y asentamientos humanos irregulares en condiciones de insalubridad, e inestabilidad del suelo.

Objetivos

La recuperación ecológica de la zona —prácticamente devastada por la explotación minera y el manejo de la basura; la creación intensiva de empleos en sectores no contaminantes; y la transformación de Santa Fe en un centro de inversiones inmobiliarias que se encontraban detenidas por problemas de uso del suelo y dotación de servicios de alta calidad.

Acciones

El programa maestro contempla dos zonas para oficinas corporativas y dos para centros comerciales —ya en construcción—; vivienda y un centro de ciudad, que combinará la construcción de edificios para vivienda, comercios y oficinas, así como una zona escolar iniciada con la Universidad Iberoamericana.

Inversión privada concertada: 4 000 millones de nuevos pesos; empleos de obra generados: 18 630; empleos fijos calculados: 32 980.

PROGRAMA DE MEJORAMIENTO DEL COMERCIO POPULAR

Diagnóstico

Para atender convenientemente la preservación del Centro Histórico de la Ciudad de México —sin alterar su armonía urbana— se ha considerado indispensable ordenar la operación del comercio popular en la vía pública y controlar su crecimiento, con el fin de lograr que su desarrollo se adecue al funcionamiento de la Ciudad, a la protección de zonas y monumentos de valor histórico y patrimonial, al gozo libre y equitativo de parques y jardines públicos, al respeto a las disposiciones sanitarias de orden general, a la seguridad que debe garantizarse a los ciudadanos, al acceso fluido de usuarios a recintos educativos, centros de salud y demás edificaciones de servicio público.

Acciones

El gobierno capitalino creó el Programa de Mejoramiento del Comercio Popular, encargado de realizar

CUADRO 12. *Características de los mercados creados mediante el Programa de Mejoramiento del Comercio Popular*

Mercados	Número	Superficie terreno	Superficie construcción
Programa de Mejoramiento del Comercio Popular	17	49 290	84 018
Promotores privados	3	93 428	98 125
Delegación Venustiano Carranza	9	17 535	11 611
Proyectos en estudio	3	10 169	10 169
Total	32	170 422	203 923

	Número de locales	Perímetro A	Perímetro B	Fuera Zona Histórica
Programa de Mejoramiento del Comercio Popular	5 903	13	4	—
Promotores privados	1 991	1	1	1
Delegación Venustiano Carranza	1 388	—	7	2
Proyectos en estudio	1 231	—	2	1
Total	10 513	14	14	4

la construcción de plazas, pasajes y mercados donde reubicar a los 10 000 comerciantes ambulantes que se encontraban en las calles del Centro Histórico.

Se contempla la construcción de 32 mercados: 14 en el Perímetro "A", 14 en el Perímetro "B", y 4 fuera de la Zona Histórica del Centro. Las características de dichos mercados se presentan en el cuadro 12.

Además se están incorporando tres centros comerciales realizados por promotores privados: uno en

San Ildefonso 42 y República de Venezuela 41, denominado Pasaje San Ildefondo, para 101 vendedores ambulantes; el segundo, ubicado en Avenida Cuauhtémoc esquina Puebla, dentro del Perímetro "B" del Centro Histórico, denominado Plaza Cuauhtémoc, para 400 vendedores ambulantes, y otro más en la Central de Abastos —fuera del Centro Histórico—, denominado Bazar Oriente, para 1 500 vendedores ambulantes.

Asimismo, se encuentran en estudio tres conjuntos adicionales llamados Plaza Rayón, Plaza Topacio y Plaza Nonoalco; los dos primeros localizados en el Perímetro "B" del Centro Histórico, y el tercero fuera de él.

En resumen, con los 32 mercados contemplados dentro del Programa, se contará con capacidad para reubicar a 10 513 vendedores ambulantes.

SOLIDARIDAD
EN LA CIUDAD DE MÉXICO

Durante 1990-1991 el Departamento del Distrito Federal destinó recursos —por un monto de 292 500 millones de pesos— al Programa Nacional de Solidaridad, para obras de beneficio social en colonias populares de la Ciudad de México: prácticamente a todas las colonias del Ajusco Medio, en Tlalpan; a las colonias ubicadas en la zona de barrancas en Álvaro Obregón; a las faldas de Sierra de Guadalupe, en Gustavo A. Madero; a los Pedregales de Coyoacán; y similares acciones en otras cinco delegaciones.

En 1992, el Programa Nacional de Solidaridad en la Ciudad de México atendió a comunidades de 11 delegaciones políticas, orientándose sobre los siguientes criterios:

1) Continuar abatiendo el rezago aún existente en algunas colonias populares en lo relativo a infraestructura urbana básica, especialmente en las delegaciones Gustavo A. Madero, Tlalpan, Álvaro Obregón, Cuajimalpa, Iztapalapa, Coyoacán y Xochimilco; en ellas se concentró 75% de la inversión; el 25% restante se ejerció en las delegaciones Tláhuac, Magdalena Contreras, Milpa Alta e Iztacalco.

2) Impulsar, conjuntamente con el gobierno del Departamento del Distrito Federal, el Programa Escuela Digna —cuyo objetivo es la rehabilitación de los espacios escolares—, al que se destinaron 44 mil millones de pesos, es decir, alrededor de 25% del total de los recursos federales asignados a Solidaridad.

3) Impulsar otras acciones de Solidaridad, apoyadas en recursos propios del Departamento del Distrito Federal (como el Programa Niños de la Calle y Rehabilitación de Vecindades).

Durante 1993 se propuso:

1) Continuar abatiendo el rezago en servicios básicos, especialmente en las zonas de mayor concentración popular.
2) Continuar las obras de servicios en proceso y, de manera preferente, en las colonias que sólo se atendieron parcialmente en 1992.
3) Ampliar el Programa Escuela Digna, sobre todo a las escuelas que requieren atención más urgente.
4) Mejorar la vivienda colectiva (multifamiliares y vecindades), especialmente a las que presentan mayor urgencia de rehabilitación y mantenimiento.
5) Promover y apoyar la iniciativa productiva de los sectores populares a través de Empresas de Solidaridad.

6) Apoyar, dentro de esquemas participativos, el Programa Niños de la Calle, la integración de jóvenes, indigentes y desvalidos, así como impulsar el deporte de barrio.
7) Continuar apoyando a los 400 maestros que, desde 1992, realizan trabajos comunitarios y colaboran en los Programas de Solidaridad en las delegaciones Iztapalapa, Iztacalco, Magdalena Contreras, Gustavo A. Madero, Tláhuac, Álvaro Obregón y Venustiano Carranza.
8) Continuar y ampliar el Programa de Niños de Solidaridad.
9) Rehabilitar hospitales, apoyar consultorios delegacionales y unidades móviles de salud.

Las acciones programadas abarcan todas las delegaciones políticas, conforme a un orden de distribución de recursos proporcional a los niveles de población y de atraso social en cada una de ellas (alrededor de 50% de los recursos serán destinados a Iztapalapa, Álvaro Obregón, Tlalpan, Tláhuac y Gustavo A. Madero). Cada acción contempla una participación presupuestal del Departamento del Distrito Federal, con recursos de su programa normal, y responde a demandas planteadas por la comunidad a cada delegación.

LEY DE SEGURIDAD PÚBLICA

Antecedentes

El pasado 20 de julio entró en vigor la Ley de Seguridad Pública para el Distrito Federal. Su elaboración fue producto de consultas con los habitantes de la Ciudad de México, y con especialistas y expertos en la materia. El debate de la iniciativa y su aprobación unánime significaron un esfuerzo de concertación y de voluntad política encauzada por los diputados y senadores de los partidos políticos que conforman el Congreso de la Unión.

Esta Ley es de orden público e interés general y tiene por objeto establecer las bases para la prestación del servicio de seguridad pública, así como regular los servicios privados de seguridad en el Distrito Federal.

En cumplimiento de su artículo segundo transitorio, el Departamento del Distrito Federal y la Procuraduría General de Justicia del Distrito Federal han elaborado, en sus respectivos ámbitos de competencia y en el marco del Plan Nacional de Desarrollo, el Programa de Seguridad Pública para el Distrito Federal correspondiente al periodo 1993-1994.

El Plan Nacional de Desarrollo 1989-1994 establece que "el objetivo primordial que se persigue en relación con los problemas de la Ciudad de México es mejorar la calidad de vida de sus habitantes" y que "el problema de inseguridad que afecta hoy día a gran parte de la población tiene una génesis compleja, más allá de la normatividad y de la administración".

Diagnóstico

De acuerdo con el tercer estudio de la Organización de las Naciones Unidas sobre Tendencias Delictivas, Funcionamiento de los Sistemas de Justicia Penal y Estrategias de Prevención del Delito —celebrado en La Habana en 1990—, el delito ha aumentado en todo el mundo: en 1980-1986 se registró un incremento de 23%, y se advirtió que los delitos que más se elevaron fueron el robo con violencia a personas y los relacionados con el tráfico y consumo de drogas. A pesar de que dicho estudio tiene carácter provisional y el aumento en las tasas de delincuencia puede ser reflejo del empleo de sistemas de registro más eficientes, es posible establecer una base de comparación.

Otras investigaciones internacionales han concluido que el crecimiento del delito es proporcional al tamaño de la población y que los índices delictivos más altos se detectan siempre en ciudades con perfiles mixtos, en los que coinciden la actividad industrial y comercial.

A partir de la década de los sesenta la Ciudad experimentó un rápido crecimiento, pues no contaba con una planeada expansión urbanística del área y una previsión adecuada de las necesidades de integración futura, que provocaron rezagos en la dotación de infraestructura, servicios públicos, equipamiento y vivienda en las zonas de mayor crecimiento.

Del total de la población mayor de 12 años —75.5% del total de la entidad— 47.63% es considerada económicamente activa y 50.94 inactiva. Alrededor de 70% de la población económicamente activa percibe menos de 5 salarios mínimos y sólo 10% gana más de 10 veces ese salario.

INCIDENCIA DELICTIVA

De acuerdo con los niveles internacionales de medición, que determinan el promedio diario de hechos delictivos por cada cien mil habitantes, los índices correspondientes para la Ciudad de México durante 1988-1993, serían: en 1988, de 5.92; en 1989, de 5.16; en 1990, de 4.44; en 1991, de 4.55; en 1992, de 4.65, y en 1993, de enero a septiembre, de 4.43.

Con información similar disponible, de tres importantes ciudades de Europa, se observó que el índice en Madrid fue de 7.42 —un tanto y medio superior—; el de Roma, de 26.49 —cinco veces mayor—, y el de Hamburgo fue de 45.60 —casi diez veces superior al de la Ciudad de México.

En los mismos términos, el índice delictivo del Distrito Federal significó aproximadamente la quinta parte del registrado en Nueva York —23.28—, del de Houston —24.32— y, del de Los Ángeles —26—; la sexta parte del de San Francisco —28.34—, y del de

Washington —30.74—; y la décima del registrado en Miami —48.54.

Programa de Seguridad Pública para el Distrito Federal 1993-1994

La Ley de Seguridad Pública impone —en su título segundo— la formulación de un Programa de Seguridad Pública para el Distrito Federal que contenga las acciones necesarias que, en forma planeada y coordinada, deberán realizar los cuerpos de seguridad pública en corto, mediano y largo plazos, con el fin de garantizar que la prestación de este servicio —correspondiente en forma exclusiva al Estado— atienda, en un marco de respeto, las garantías individuales.

Objetivos generales

1) Mantener el orden público.
2) Proteger la integridad física de las personas, así como sus bienes.
3) Prevenir la comisión de delitos e infracciones a los reglamentos gubernativos y de policía.
4) Colaborar en la investigación y persecución de los delitos.
5) Auxiliar a la población en caso de siniestros y desastres.

Objetivos específicos

El análisis de las condiciones prevalecientes en materia de seguridad pública en el Distrito Federal plantea la necesidad de un esfuerzo de mejoramiento orientado a la consecución de los siguientes objetivos específicos:

1) Defensa de la sociedad frente al delito.
2) Reducción de los índices de impunidad.
3) Abatimiento de la incidencia delictiva.
4) Apego de la actuación de los cuerpos de seguridad pública al régimen de derecho, al mandato de la sociedad y a los preceptos éticos.
5) Ampliación de los niveles de tutela, capacitación y difusión de los derechos humanos a los habitantes de la Ciudad de México.
6) Profesionalización de los cuerpos de seguridad pública.
7) Combate a la delincuencia violenta y organizada.
8) Modernización y especialización del Ministerio Público.
9) Protección especial a los menores, a los jóvenes y a las personas de la tercera edad.
10) Agilización de los procesos penales.
11) Difusión y diversificación de la cultura preventiva.
12) Revaloración del trabajo policial.

BIBLIOGRAFÍA

Atlas de la Ciudad de México, Departamento del Distrito Federal/El Colegio de México, Departamento de Publicaciones de El Colegio de México, 1987.

Atlas Nacional del Medio Físico, INEGI, 1a. reimp., octubre de 1988.

XI Censo General de Población y Vivienda 1990, INEGI, 1990.

Comparecencia del Secretario General de Obras ante la II Asamblea de Representantes del Distrito Federal, 27 de abril de 1993.

Comparecencia del Coordinador General de Reordenación Urbana y Vivienda ante la I y II asambleas de Representantes del Distrito Federal, 4 de mayo de 1993.

Cosío, D. (comp.), *Historia Mínima de México*, El Colegio de México, 3a. reimp., abril de 1977.

Espinosa L., Enrique, *Ciudad de México. Compendio cronológico de su desarrollo urbano 1521-1980*, 1a. ed., 1991.

Garibay, Ángel María, *Diccionario Porrúa. Historia,*

biografía y geografía de México, México, Porrúa, 3a. ed., 1971.

Historia de la Ciudad de México, F. Benítez, IX tt., Enciclopedia Salvat Editores, Barcelona, 1984.

Incháustegui R., Teresa, *Distrito Federal: reinserción económica y reforma política.*

Programa de Vivienda en la Zona Sur de la Alameda. Plan piloto, responsable Ángel Mercado, CGRUV/Delegación Cuauhtémoc, agosto de 1993.

500 planos de la Ciudad de México, 1325-1933, México, SAHOP, 1982.

Reforma Política del Distrito Federal. Anteproyecto de Reformas y Adiciones a la Constitución Política de los Estados Unidos Mexicanos.

Revista *Time*, 11 de enero de 1993.

Tovar y de Teresa, Guillermo, *La Ciudad de los Palacios: Crónica de un patrimonio perdido*, tt. I y II, México, Ed. Espejo de Obsidiana, 2a. ed., 1991.

Una Nueva Estrategia de Agua para la Ciudad de México. La infraestructura hidráulica en el país como opción para la inversión privada, responsable Carlos Casasús, Comisión de Aguas del Distrito Federal, agosto de 1993.

PUBLICACIONES DEL DEPARTAMENTO
DEL DISTRITO FEDERAL

Anuarios de Transporte y Vialidad de la Ciudad de México, 1988, 1989, 1990 y 1991.

Ciudad de México, Departamento del Distrito Federal, 1990.

Cuadernos de la Reforma Política de la Ciudad de México. Perfiles de diez grandes ciudades 1992-1993, colaboraron: Cristina Montemayor, Ligia González, Reyna Pineda, Ivonne Pérez, Cristina Sánchez, Augusto León, Miguel Ángel Piña y Manuel Armenta, México, Departamento del Distrito Federal, septiembre de 1992.

Cuadernos de la Reforma Política de la Ciudad de México. El Gobierno de la Ciudad de México 1524-1992, México, Departamento del Distrito Federal, Ed. Offset Rebosán, 1992.

El Sistema de Drenaje Profundo de la Ciudad de México, México, DGCOH/DDF, 2a. ed., corregida y actualizada en noviembre de 1990.

Folletos de Contaminación, México, Departamento del Distrito Federal, Comisión Metropolitana para la Prevención y Control de la Contaminación Ambiental del Valle de México.

Historia de la Planificación y la Administración Urbana de la Ciudad de México. Cronología. La Historia, primera parte, 1324-1910.

Línea A. Pantitlán-La Paz. Ciudad de México, México, Departamento del Distrito Federal, Secretaría General de Obras, SGCM/Gobierno del Estado de México.

Línea 8. Primera Etapa. Centro Histórico-Iztapalapa, México, Departamento del Distrito Federal, Secretaría General de Obras, CGT.

Memoria. Programa Uso Eficiente del Agua, México, Departamento del Distrito Federal, DGCOH, 4a. ed., noviembre de 1992.

Memoria de las obras del Sistema de Drenaje Profundo del Distrito Federal, tt. I a IV, México, Departamento del Distrito Federal, 1975.

Puentes vehiculares. Ciudad de México, México, Departamento del Distrito Federal, Secretaría General de Obras, DGOP.

ÍNDICE

Introducción 7

I. *Breve historia de la Ciudad de México* . . 11
 Localización geográfica 12
 Primeros asentamientos en la Cuenca de
 México 13
 Tenochtitlan 19
 Capital de la Nueva España 22
 Independencia 34

II. *Tendencias de la Ciudad de México* . . . 57
 Estructura demográfica 59
 Economía y finanzas públicas 62
 Crecimiento urbano 67
 La Ciudad y su medio físico 78
 La región centro del país 80
 Administración y estructura política . . . 82
 Agua potable y drenaje 85
 Vialidad y transporte 88
 Desechos sólidos 90

      Calidad del aire 91
      Seguridad 93
      La Ciudad: ¿Paradigma del desastre urbano? 94

III. *Los objetivos de la administración, 1988-1994* 95
      Cambio en la estrategia económica . . . 97
      Combate a la pobreza extrema 97
      Preservación del medio ambiente 98
      Humanización de la Ciudad 99
      Gobierno y derechos humanos 100
      Transporte 101
      Seguridad pública 102

IV. *Los resultados* 105
      Economía y finanzas 107
      Combate a la pobreza 117
      Política urbana y medio ambiente 123
        Política urbana, 123; Medio ambiente, 138

      Humanización y cultura 149
      Gobierno, reforma política y derechos humanos 151
      Transporte y vialidad 161
      Agua y drenaje 165
        Protección de las zonas de recarga de los mantos acuíferos, 166; Consolidación de la infraestructura de abasto, distribución y drenaje, 166; Racionalización del consumo y administración de los sistemas, 168; Manejo integral del sistema hidráulico, 169; Ahorro y uso eficiente de agua, 170; Concertación para una nueva cultura del agua, 170; Tratamiento y reutilización, 171

      Seguridad pública y procuración de justicia 171

Conclusión 177

Apéndice. Los programas y los proyectos

    Agua potable y drenaje 183
    Transporte 187
    Desechos sólidos 191
    Contaminación atmosférica 195
    Vivienda 199
    Revitalización del Centro Histórico 203
    Rescate ecológico de Xochimilco 207
    Zonas especiales de desarrollo controlado 213
    Programa para el Cinturón Verde de la Ciudad 217
    Metro línea "A". Pantitlán-Los Reyes-La Paz 221
    Metro línea 8. Centro Histórico-Iztapalapa 225
    Auditorio Nacional 229
    Zoológico de Chapultepec 233
    Proyecto Museo del Niño 235
    Santa Fe 239
    Programa de Mejoramiento del Comercio Popular 241
    Solidaridad en la Ciudad de México . . . 245
    Ley de Seguridad Pública 249

Bibliografía 255

Este libro se terminó de imprimir en el mes de enero de 1994 en los talleres de Impresora y Encuadernadora Progreso, S. A. de C. V. (IEPSA), Calz. de San Lorenzo, 244; 09830, México, D. F. El tiro fue de 10 000 ejemplares.